家を建てるとき、どうしても庭は後まわしに考えがち。予算も考えも家本体に集中し、家づくりはまるで外廻りを無視した建物づくりとなりかねません。

しかし心地よい住まいには外廻り、なかでも緑と庭は欠かせないもの。たとえ庭は後からとしても、緑と親しむ暮らしを最初から計画のなかに位置づけた住まいづくりを是非、お奨めします。

緑が豊かであれば住まいも街も豊かになり、個人の楽しみが多くの人の楽しみとなりと街全体に豊かに広がっていきます。

6月初旬ごろ咲くヒメシャラの花

ヤマボウシは初夏に梢の先に清楚な花をつけ、花の中心の実が秋には赤く色づく

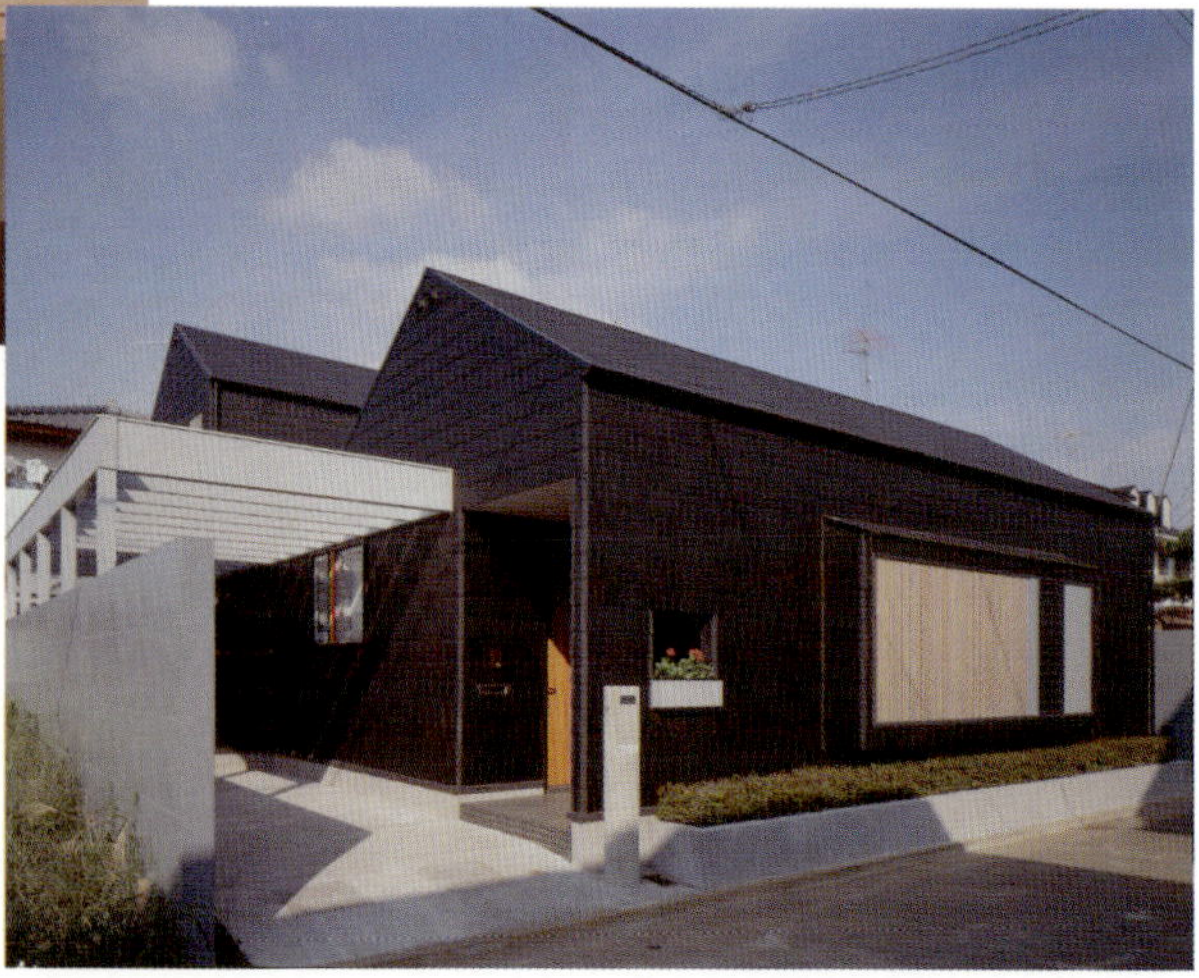

ドウダンツツジの花は小さな釣り鐘型で無数に咲き、秋には紅葉が美しい

Iさんの家　居間から庭を見る
中庭のある住まいは庭と室内が一体となる独特の広がりが魅力。隣家からの視線を遮り、庭に開放された室内は、明るくくつろいだ空間だ。全体にデッキを敷き詰め、室内との段差を少なくして出入りがしやすい。植え込みはヤマボウシ、ヒメシャラ、ヤマツツジを主木に足下はキリシマツツジの刈り込み。右頁下は、黒い壁の色が印象的な道路側からの外観。道路際にはドウダンツツジの刈り込み

（右）Mさんの家　居間
たとえ小さな庭でも好きな木を植えて、望みの風景をつくりたい。庭に向かってデッキを張り出せば、心地よいアウトドアリビングが生まれる。道路からの目隠しを兼ねた右手の物置には、バーベキューや庭仕事の道具が収まり、手軽に取り出して外で暮らす楽しみが始まる
（上）外観
開放的な構えの道路側外観では、建物の足下に灌木を植えている

下段右側より
庭の主木はカツラ、丸葉が魅力的で春先には明るい若葉、秋には鮮やかな黄葉を見せる。

庭の踏み石の間にはヒメリュウが植えてある。葉は冬でも青々として、肌寒いなか青く美しい実をつける。日本の代表的な下草の一つ。

大きな植え込みに育ちやすいヒラドツツジとオオムラサキ、丈夫で花も美しい常緑樹。

アジサイも大きくなるが落葉樹、これはガクアジサイの一種でアマチャ

溜まりをつくり、床のタイルに蓄熱された熱を逃さぬように簾戸が紙障子に替わる。住まいはしつらえが肝心

親緑住居居間簾戸。中庭とガラスで開放的につながる室内は、四季を通じた窓廻りのしつらえを工夫する。夏は中庭の主木のシャラが暑い日射を遮り、簾戸を建て涼を得る。冬はシャラが落葉し日

屋上の宿根草とハーブの庭、フェンス代わりにツツジの植え込みが回りを囲む

（上）屋上から2階の屋上庭園と1階の中庭を見おろす
（左）親緑住居2階屋上のベンチ
どんな住まいに住むかはどんな人生を送るか、ということにほぼ等しい。私は緑と親しむ住まいをつくり、自邸を「親緑住居」と名付けた

緑を楽しむ家

心地いい都市住宅の作法

目次

はじめに

朝の空気はとても清々しいものです。外に出て大きく深呼吸をすると、爽やかな力が全身にみなぎります。そして歩くことは何よりも健康のもと、だから起きるとすぐ近所に散歩に出かけます。お気に入りの道はなんといっても緑豊かな道、そんな道順を選んで歩き出します。なかでも手入れのよい庭の家は、主人の人柄をしのばせて楽しく、とても気持ちのよいものです。庭を楽しむ心が表に現れ、道行く我々もうれしくなります。丹精を込めた色とりどりの鉢が並び、朝の光のなか、静かに季節の変化を知らせます。

しかし残念なことに、街は段々と建て込んで、私たちの身の回りからそのような緑の風景が少なくなりました。ついこの前まで大きな家と広い庭だったところがいくつにも分割され、その後に小さな家が建ち並びます。建築制限の緩いところでは、一昔前には珍しかった3階建ての家が、当たり前のように隙間なく建ち並び、これではまるで建物の固まり、一本の木すら植えることが難しそうです。

このような例は極端なこととしても、一昔前には新しい家の庭には緑を植えることが当たり前だったはずなのに、それが一般に少なくなりました。そうなると、遮るものもなく家の窓は街に露出し、人は家のなかに閉じこもります。こんな現象が徐々に増え、このまま進んでいったら我々の街はいったいどうなるのでしょうか。日本は都市公園も街路樹のある歩道も少なく、ただでさえ公の緑が貧しいのです。それなのに住まいが過密化し、緑も増えずむしろ少なくなるのでは、老朽化した家ばかりが建ち並び、未来の街の姿はまことに不気味で、潤いも楽しみもなくなります。これでは誰も散歩をする気にならないでしょう。

街は一つひとつの住まいによって、美しい街並みにもそして豊かな景観にもなりえます。またその反対に、一つひとつが貧しくなれば、潤いのない味気ない街になるのも必定です。住まいを住みよくするにはなによりも緑のある庭、外部空間が欠かせないと私は考えます。一本の木を庭に植え育てることは、同時に街に貴重な一本の木を植え育てることです。しかしその大切さを忘れたとき、住まいからそして街から緑も失われます。

永い間住宅の設計をして、心地よい住まいには緑が不可欠であることを私は確信しています。どんなに立派な家でも、そこから眺める景色が心和む緑のある風景でなければ、それは決して心地よい住まいではありません。

緑に親しむ家とは、自然に親しむ暮らしを実現する住まいです。それはどんなに小さい家の場合でも必ず楽しく心地よいものになると思います。そのお手伝いのために、具体例をもとにこの本を書き始めます。

著者

家のあり方と緑の行方

〜暮らしを楽しむさまざまな家〜

住宅の緑は、公園の木や花と同じように考えるわけにはいきません。スペースは限られますし、日当たりの問題もあります。何よりも住む人に喜びを与えてくれるものでなければ、せっかくの緑もやがて放置されてしまうでしょう。

そこで家のかたちや大きさ、緑とのつき合い方など、さまざまな条件でどのように植栽を考えればいいのか、参考例を見ながら考えてみます。

緑を取り込む～コートハウスと中庭の魅力

平安時代から続く中庭住居

「コートハウスをつくっていただきたいんです」

電話をいただいたIさんのご要望は、こんな言葉から始まりました。

「ずっと前から村田さんのつくったものは雑誌で拝見していました。次につくるならコートハウスを、と思っていたんです」

以前、「都市住宅」という雑誌がありました。後に高度成長期という一言で括られる時代にあって、建築と社会のつながりを、さらに建築の可能性を魅力的に伝える画期的な雑誌として、当時の設計者たちに大きな影響を与えました。かくいう私も、影響を受けた一人であり、当時設計した何軒かの住宅も掲載してもらいました。70年代から80年代にかけてのことです。

Iさんは、その頃から私の設計した家を見ておられたといい、私にとっては大変嬉しい依頼だったのです。

Iさんが家を建てようという敷地は、千葉市郊外のニュータウン。60坪弱の敷地の周囲は、ご多分に漏れず商品化住宅で埋まることが予想されました。

Iさんは、長く勤めた教師の職を終えられ、奥さんと2人のお嬢さんとの4人

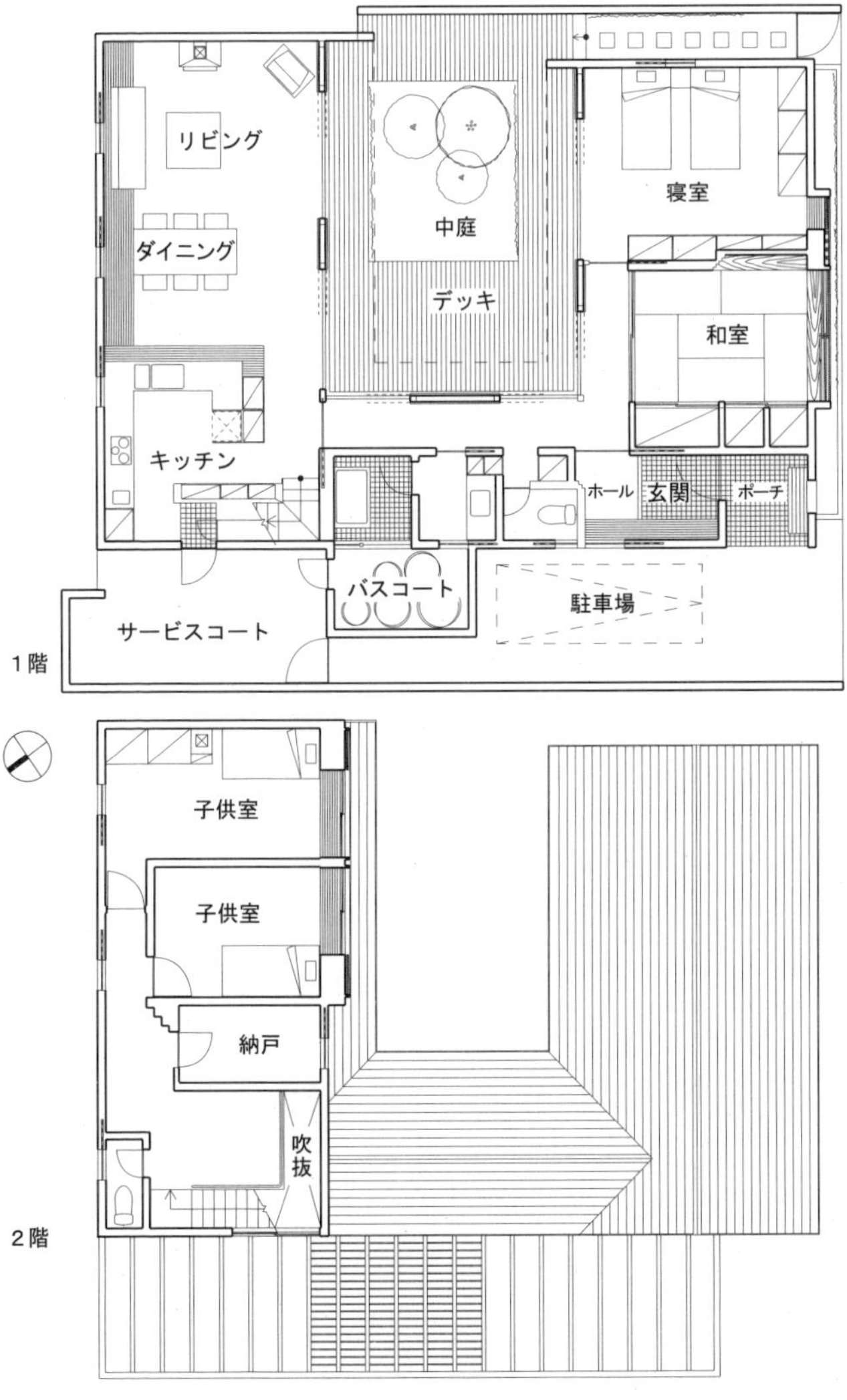
リビング
ダイニング
中庭
デッキ
寝室
和室
キッチン
ホール
玄関
ポーチ
バスコート
駐車場
サービスコート
1階
子供室
子供室
納戸
吹抜
2階

I邸平面図（S=1:200）

暮らし。以前住んでいた家を売却し、退職後の新生活をずっと憧れていたコートハウスで送りたいというのがご希望です。売却予定の家も設計者が関わったきちんとした家だったらしく、住まい方が落ち着いていて、あれもこれもと過剰に望まれることもありませんでした。

コートハウス以外の主な要望としては、暖炉がほしいこと、それから「将来のことは分からないけど」という前置きつきで、2階のお嬢さんたちのスペースに改修可能な余地を残してほしいという2点でした。改修は、もしかしたら2世帯住宅に、という親心でしょう。

これらを検討してできたI邸のプランは図（前頁）のようになっています。

少し南北に長い敷地に対して、南の道路側に寝室と客間にもなる和室を、中庭を挟んで北側に居間・食堂、そしてキッチン。南北をつなぐ部分に浴室などの水廻り。2階には二人のお嬢さんのための部屋を用意してあります。

図は竣工した状態のものですが、大きく変更した記憶がないので、最初に提示した案からそれほど変わっていないでしょう。

プランとして、奇をてらった部分はなく、いわゆるモダンリビングを素直に部屋としてかたちにしてあり、ゆったりと入浴するためのバスコート、その裏のサービスコートなど、使い勝手や気持ちよく暮らすための気配りも随所に盛り込まれています。

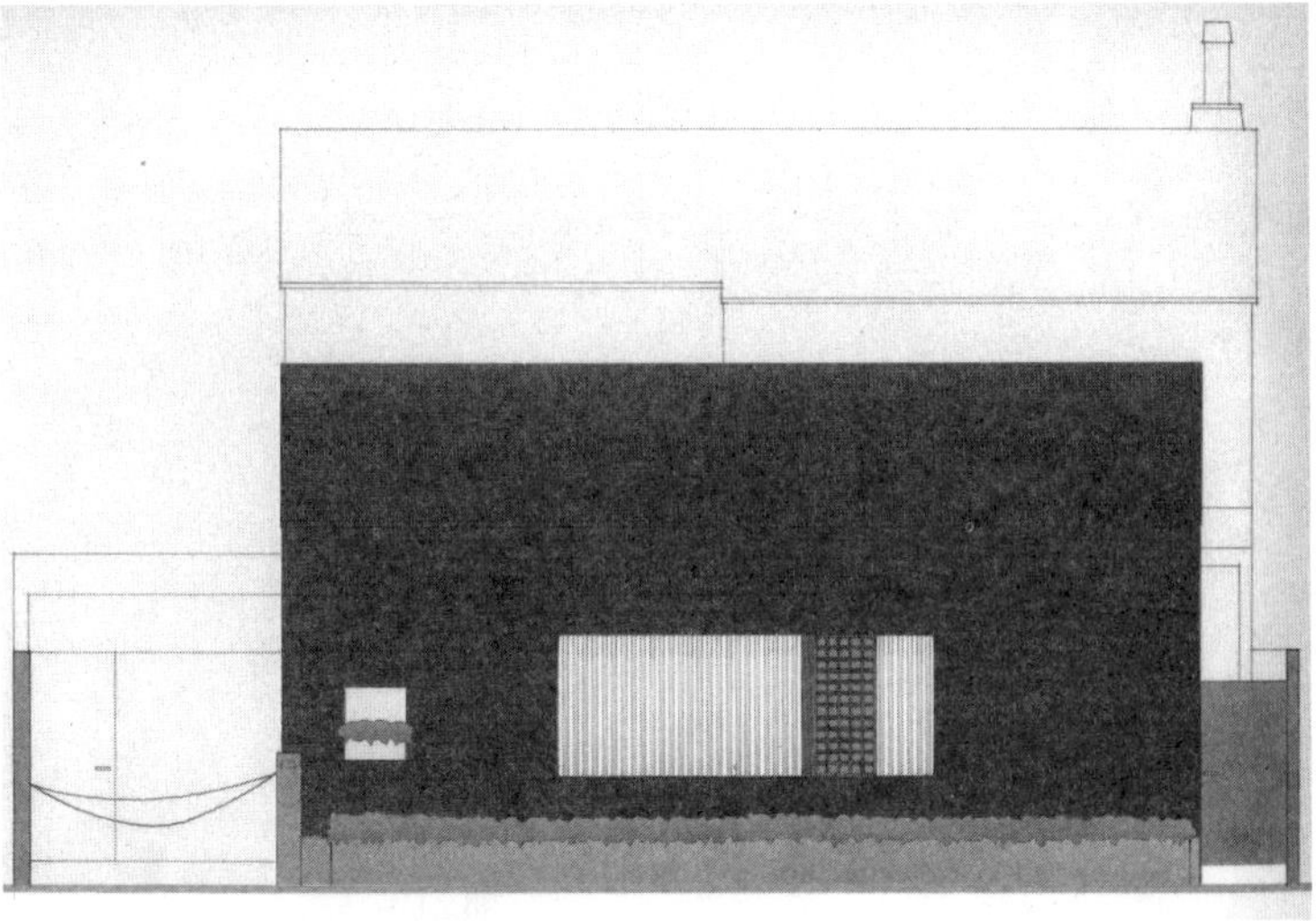

I邸道路側の立面。建物と道路の間に低い「植えマス」をつくり、ドウダンツツジとその足下にシバザクラとマツバボタンを植え込みました

コートハウスの主役となる中庭は、大きな木製デッキを敷き詰め、中央が緑のゾーン。Iさんの好みにしたがってハナミズキ、シャラ、ヤマモミジという3本の高木を並べ、足下にはツツジが植えられています。高木の落葉樹3本は、いずれも花や葉の成長、そして紅葉も楽しめ、常緑のツツジによる緑のじゅうたんに変化と彩りを与えています。緑の平原から木が立ち上がっている野山の風景とでもいえるでしょうか。

一方、町と接することになる道路側は、南側の棟と道路の間にコンクリートで立ち上がりを作り土を入れた、いわば「植えマス」を設けて植栽を施しています。道路側は日当たりがよく、また紅葉も楽しみたいというIさんのご希望もあったので、ドウダンツツジを並べて植え込み、彩りとしてその間にマツバボタンとシバザクラを配してあります。

ここまで、当たり前のようにコートハウスという言葉を使って話をしてきましたが、少しコートハウ

実際のＩ邸道路側の様子。切妻屋根が二つ並んでいるように見えますが、実際はコの字型になっていて、二つの棟の間に中庭のあるコートハウスになっています

スについて述べておきます。

コートハウスとは、一口にいえば中庭をもつ住宅と考えていいと思います。

住宅を考える場合、一般的には敷地の中央付近に建物を置き、余った部分を庭として扱います。庭スペースをあらかじめ考えていたとしても、あくまでも建物が中心の発想です。ところが、コートハウスでは庭を囲うように建物が置き、庭のプライバシー確保を重視して考えます。建物のかたちはロの字、コの字、Ｌ字などさまざまでも、壁・塀などで庭を囲い込むことになります。この形式は、別に建築家がつくりだした特別な形式というわけではありません。

人が平地に小屋を建てて住み始めた「家」の起源を考えるまでもなく、家があってその周囲に庭があるというのが自然な家のあり方でしょう。土地に余裕のある田舎では、ゆったりとした敷地の中央付近に建物が建ち、庭にシンボルツリーとなるような大きな木が立っているという風景もまだ多く残っているのではないでしょうか。戦後、テレビで放映されたアメリカの住宅もやはり同じような形式で、青々とした芝生の庭と電化製品のあふれた生活が憧れの対象となったものです。

このように、敷地の真ん中近くに建物を置いて周囲に庭を配するのは、家の建て方の原型ともいえるものだと思います。

一方、たとえば京都の町屋を思い出してみてください。狭い間口で奥行きがある短冊状の敷地割りのため、昔から敷地の中央付近に中庭を設けて、敷地の奥側でも採光が得られるようになっています。そしてその中庭は、家のプライベートな部分に開かれて、敷地奥の生活を豊かにしてくれるのです。

つまり、都市の限られた土地を皆で分け合って暮らす場合には、野原にポツンと建物を置いて、という原型に近い家の建て方とは根本的に異なる方法が必要とされたのです。京都の町割りは平安時代までさかのぼります。広く世界を見れば、コートハウスは古代紀元前18世紀頃のアラビア半島にその起源を見ることができ、ギリシャ、ローマ、メソポタミア文明や中国にもコートハウスによる都市の遺構を見ることができます。ですから、中庭を伴う住居形式は都市住宅のあり方として十分な歴史をもつものといってよいでしょう。

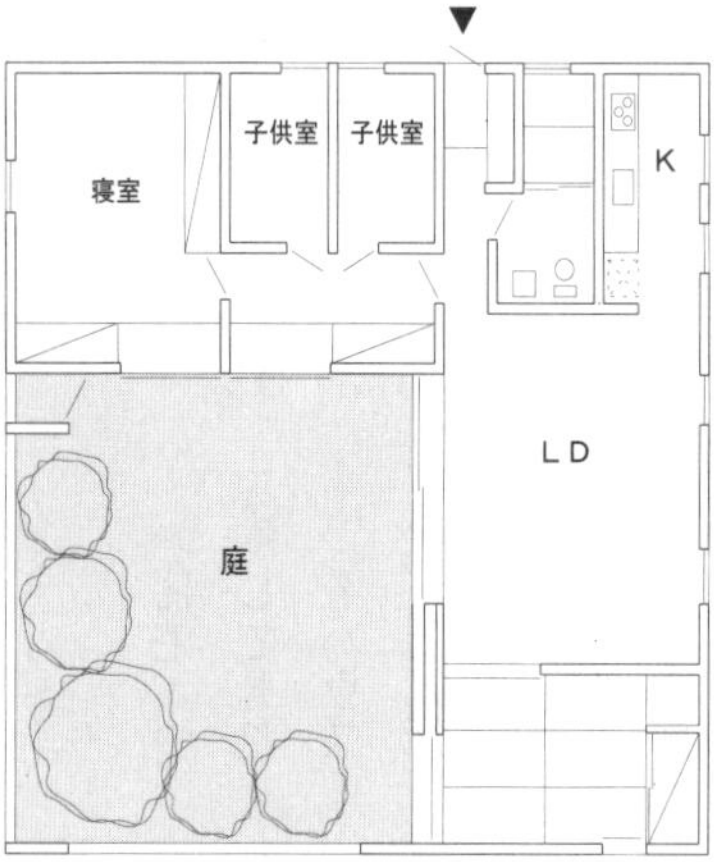

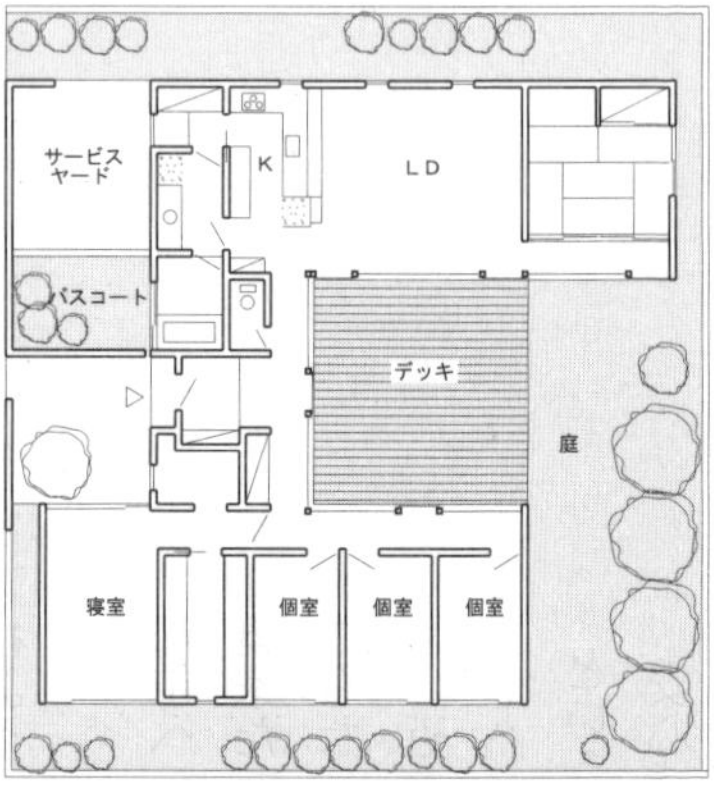

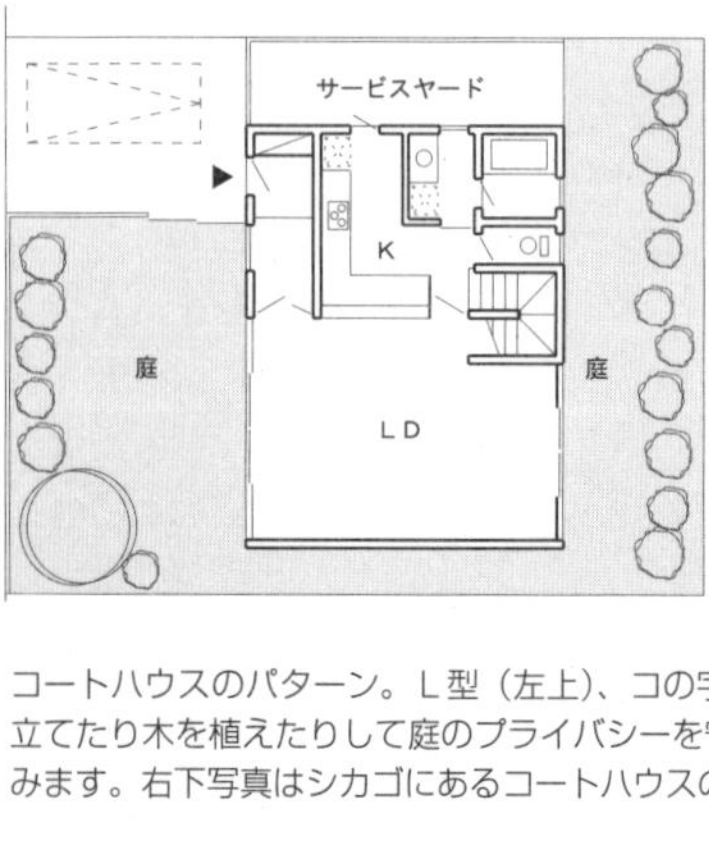

コートハウスのパターン。Ｌ型（左上）、コの字型（右上）、Ｉ型（左下）。建物だけでなく、塀を立てたり木を植えたりして庭のプライバシーを守り、より室内に近い存在としてアウトドアを楽しみます。右下写真はシカゴにあるコートハウスの中庭です

コートハウスは「城壁」の家？

歴史のある中庭形式の住宅、つまりコートハウスが改めて注目されたのは、戦後、都市に人口が集中してきたのがきっかけだと思います。60年代から70年代にかけて、優れたコートハウスがいくつもつくられ、発表されました。

高度成長期、都市には小さな住宅がどんどん建ち並び、その多くはコンクリートブロックの塀でぐるりと囲われていきました。囲われるという意味では、コートハウスも同じように感じられます。でも、囲うという行為が単に自分の敷地を主張するだけでなく、内部のプライバシーを守り、敷地内の外部空間＝庭を積極的に生活に取り入れようとする点で、コートハウスの囲い込みは根本的に違うのです。

コートハウスの論理は、都市への人口集中が続くなか、建築と社会の新たな結びつきを模索していた建築家たちを魅了しました。そしてかつての古代都市のように、コートハウスのつらなる街並みが夢想されました。コートハウスは一軒で完結するものではなく、近隣とつながっていくことによって町全体に広がる、いわば「開かれたコートハウスの町」が完成すると考えられたのです。

「開かれたコートハウス」というと分かりにくいかもしれませんが、住宅内部のプライバシーが守られ、安心感を高めることで、逆に人は気持ちを外に向け、積極的に町と関わり、新しいコミュニティをつくっていくことが期待されたということでしょうか。

ところが、そんな建築家たちの夢想とは無関係に、「建築家の作品」としてポツンと一つだけ町に置かれたコートハウスは、それ単独では「特殊な家」の範疇《はんちゅう》を出るものではありませんでした。

どんなに素晴らしいプロトタイプ（基本形・モデル）を考えても、実際の敷地条件は千差万別でモデルのようにはつくれないし、民法上の制約から建物を敷地一杯に建てることもできないのです。そうした制約のなかで優れたコートハウスがつくれるのは、一定以上の力量を備えた一部の建築家に限られ、いきおいコートハウスが広く普及することもなかったのです。

そして、内部の素晴らしさやコートハウスのもつさまざまな魅力が語られる前に、道からはコンクリートの固まりにしか見えない、町に対して閉じた「ヘンな家」という印象ばかりが強くなっていったのです。

コートハウスの魅力とは？

では、コートハウスの魅力とは何でしょうか。

最大の特徴は、やはりプライバシーを守りながら快適な外部空間、つまり庭を得られる点です。そのことに起因する大きな魅力を三つあげておきましょう。

左頁写真
I邸中庭の様子二景

まず一つは、箱形の家よりもはるかに距離感を感じられる、ということです。コートハウスでは、（法的に許される範囲で）敷地を端から端まで使いますので、敷地中央に箱形の家を建てた場合に比べて確実に部屋と部屋の距離をとることができます。I邸でも、リビングと寝室は中庭を挟んで向かい合っていますが、実際にかなりの距離になりますし、「中庭越し」で外部を間に挟むために実際以上の距離感を覚えます。この広がりの感覚は、都市部の小さな住宅であればあるほど魅力的なはずです。

次に、中庭の自然を24時間感じることができるという点があげられます。直接的な効果でいえば、木や草花の変化・成長を直に感じ、流れる風を感じ、光を肌で感じ、といったことになるのですが、そういった具体的な関わりというよりも、それらすべてがもたらす精神的な安らぎが大きいのです。

人の暮らし、特に雑然とした都市の暮らしのなかでは、人はときに一人になって心安らかに自然に身をゆだねる時間が必要だと思います。そんな時間を過ごすことで、日々すり減らした精神が潤いを取り戻し、明日への意欲が生まれてくる、といっても言い過ぎではないでしょう。

今まで設計したコートハウスのクライアントたちの多くも同様の感想を聞かせてくれます。たとえばI邸では、読書家のご主人が「最近、本を読まなくなりました」とおっしゃいます。

「何をしているんですか」と問うと
「んー、ぼうっとしてるかなぁ」というのです。
ぼうっと外（中庭）を見て、自然の移り変わりを眺めて生の充実を感じるというのは確かにあるのです。

三つ目は、いうまでもなくアウトドアリビングとしての楽しみです。テーブルや椅子を出して光と風のなかで楽しむ食事やお茶。もちろんバーベキューもOK。小さなお子さんがいれば、水遊びをしても楽しいでしょう。空の下で摂る食事のおいしさ、活動の楽しさは、普段の消費生活とはまったく違う心地よさを感じさせてくれます。

外の庭でありながら周囲の目を気にすることのないプライバシーの守られた中庭空間は、十分に心を解放してくれるでしょう。

小さな中庭

プライバシーの守られた中庭空間を得るため、コートハウスでは建物が庭を囲うように計画されます。建物自体で、つまりロの字型建物で中庭を形成する例はあまり多くありませんが、コの字型もしくはL字型にして中庭を守るような構えになるわけです。建物平面がコの字やL字の場合には、建物のない部分の塀やフェンスのつくり方で中庭空間のプライバシーを守るようにします。9

典型的な郊外型住宅地。比較的ゆったりとした敷地に家が建ち並びます。敷地の中央付近に家をポツンと建て「外廻りは後から少しずつ」という家が多いように感じます

頁のI邸は、コの字型の建物とコンクリートの塀という構成です。

しかし、平面形状に捕らわれなくても、工夫次第で不躾《ぶしつけ》な外部の視線から守られた、プライベートな庭をつくることはできます。次にそんな例を紹介しましょう。

Mさんのご主人は、某ラジオ局で働くエンジニア。もちろん仕事場は都心になります。仕事柄、また職場までの道のりのせいもあるのでしょう、家ではのんびりしたいということを切に願っているご様子がよくうかがえました。

Mさん一家が用意していた敷地は、都心から電車で1時間と少々。ドアツードアで考えると会社まで2時間は必要な郊外の住宅地です。

都心の住宅街と比べれば、敷地は60坪前後とゆったりと取られていましたが、その分、敷地の中央付近にポツンポツンと家が建っている印象の周辺環境でした。古い住宅街と違って、まだ家の外廻りにまで手が回らずに、「土地に家を建てました」という段階で止まっているようなお宅がかなり多い感じです。

Mさん家族は、遠距離通勤のご主人と可愛らしい奥さん、それにもうすぐ小学校というお嬢さんの3人構成。以前から近くに暮らしてこられて、その町が気に入られたのでしょう。よい環境にささやかでも家を建てて暮らしたいという強い意志が感じられました。

要望は、予算3千万円にすべてを納めること、内と外をつなぐ庭がほしいこ

と、そして全体にナチュラルな暮らしがしたいので、そのためのしつらいをしてほしい、ということでした。

敷地のすぐ近くには弘法山という丘のような小さな山があって、休みの日にはそこを歩くのが好きだというご主人は、自然を十分に感じられる住まいがご希望で、山歩きの途中で拾った枯れ枝を燃やして楽しむ薪ストーブのご要望もありました。

敷地は、奥に広がった台形に近いかたちです。そこで配置計画は、矩形の建物を片側に寄せて、残った三角形の部分に庭とカーポートを置くというものにしました。

周辺の家は、外構までは手が回らず、家だけがポツンと建っているような感じと前述しました。都市部並みにもう少し敷地が狭ければ、お隣との距離が近くなりますからプライバシーを守る意味でも塀などが準備されるのでしょうが、それもありません。逆にもっと広ければ、隣や道路から十分距離が取れると思いますが、それほどの広さでもありません。そんな周辺環境のなかで、プライバシーを守るためとはいえ、コートハウスのように囲ってしまうのはいかにも異質です。高い塀もあまりそぐわないでしょう。

そこで塀や壁などでことさらに「防御」するのではなく、既存の石垣と庭の植栽、それと小さな納屋で囲って、緩やかな目隠しとすることにしたのです。

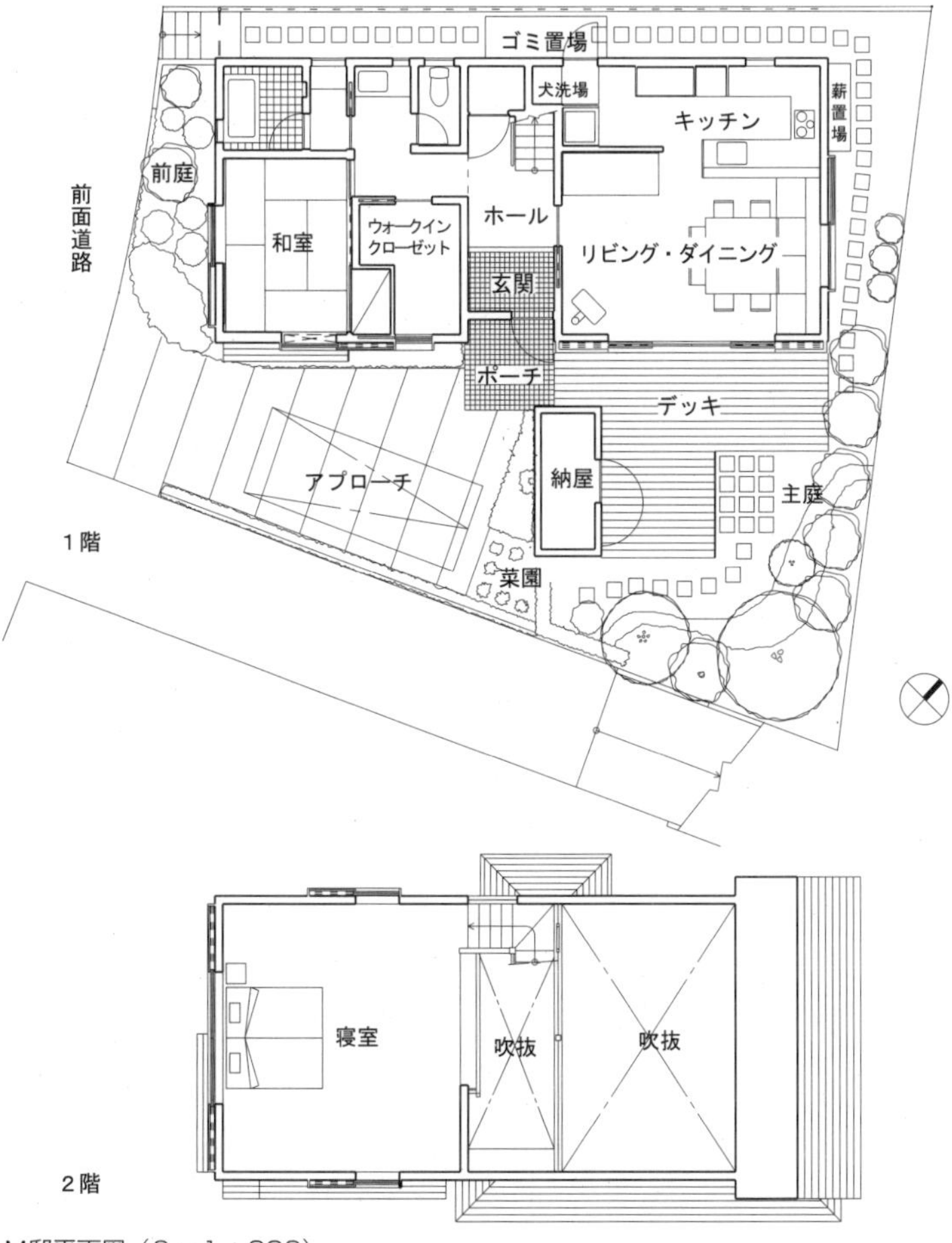
ゴミ置場
犬洗場
キッチン
薪置場
前庭
前面道路
和室
ウォークインクローゼット
ホール
リビング・ダイニング
玄関
ポーチ
デッキ
アプローチ
納屋
主庭
菜園
1階
寝室
吹抜
吹抜
2階

M邸平面図（S＝1：200）

への字型の招き屋根が建物を覆うM邸外観。建物中央に見えるのが玄関で、その右手にあるのがリビング、その手前がプライベートな庭となっています

これによって、それほど周囲と異質な印象を与えることなく、でも不躾な視線にさらされることのない落ち着いた庭をつくることができました。

建物は、生活の中心となる1階のLDKと2階の寝室を吹抜けでつなぎ、への字型の招き屋根がこれを覆う構成です。まだ小さなお子さんとお父さん・お母さん3人の家族が一つ屋根の下で仲良く暮らすことが、より印象的になるような表現になっています。

三つの緑

M邸の庭を見ていきましょう。

M邸には三つの緑のゾーンがあります。緩やかに囲われた主庭、町と接する道路際の前庭、そしてMさんたちが自分たちで手掛ける納屋脇のスペースです。

納屋の脇は、駐車場の奥にあたりますが、とても日当たりのよいところです。プロにしつらえて

道路から見たM邸外観。駐車場の納屋の向こう側が庭となります。道路側は、道行く人にも楽しめるようにツツジやユキヤナギなど花の咲く低木を選んで植えています

もらった緑ではなく、自分で種を蒔いたり植え込んだりすることから始めたいというご希望をかなえる場所で、引っ越された当初はイチゴを植えていらっしゃいましたが、その後どうなっているでしょうか。

最近はガーデニングブームといわれて、庭の手入れに熱心な方が増えているようです。土をいじりながらの植物の手入れは苦労もありますが、成長し、花が咲いたり実をつけたりしたときの喜びは何ものにも替えがたいものです。

M邸の場合、庭にかけられるお金も限られていましたが、まずきちんとした庭がほしいという希望がありました。植木屋さんにもちょっと無理をお願いしたため、Mさん自らかなり植木屋さんのお手伝いをされ、そのうちにやっぱり自分たちでも植えたり育てたりしたいと思い始めたのでしょう。かなり後になって、納屋の脇の部分は何もしないで残してほしいという話になり、この納屋脇

M邸リビングから見た庭の様子。庭の向こう側の道路を歩く人の顔は見えないように＝内部と視線が合わないように、窓の高さも抑えてあります

の緑のゾーンが生まれました。

町と接する前庭部分は、いわば家の顔の部分です。道行く人にも親しみの持てるように季節季節に花を楽しめ、かつ邪魔にならないように、花の咲く低木を中心に植えてあります。オオムラサキ、ヒラドツツジ、キリシマツツジの3種類のツツジにユキヤナギ、キンモクセイなどです。道路から見て左側のほうは、浴室の窓もあるので少し背の高いムクゲ、カクレミノを選んでいます。道路に面した部分の植栽は、土地に余裕があればシンボルツリーになるような大きな木を植える方法もありますが、わずかな土の部分でも足下を中心に植栽を施すことは町に住むとき、とても大切な作法だと思います。

主庭は、できるだけ自然な雑木林のような風景がよいということで、落葉のカツラとエゴを主木としています。カツラは、春先には明るい緑色の葉をつけ、秋にはそれが黄色く変化します。エゴは、どちらかといえば地味な木ですが、春に無数の小さな白い花を咲かせます。

この2本の主木を中心にして、ファンデーション（基礎）には北側の擁壁《ようへき》を隠し、東側からの目隠しにもなる常緑のシラカシを周辺に立ち並べ、足下にはツツジを植えて、景観を整えています。

余談になりますが、この主庭の木を植える際、土を掘り返してみるとかなりの量のガラ（コンクリート片などのゴミ）が出てきて、Mさんも植木屋さんと一緒に捨てるのを手伝っておられました。M邸に限ったことではなく、住宅地の土は植栽に適さないような粗悪なものが入っていることが少なくありません。また、傾斜地の場合、整地すると切り土部分と盛土部分が生じ、関東であれば切り土部分の下は水はけの悪い関東ローム層になっています。草花を植える程度であれば地表付近に土を入れればなんとかなりますが、高木を植えたい場合には、土壌改良の必要があり、そのためのコストも必要になってきます。

楽しむ中庭のつくり方

M邸の例からもお分かりのようにプライバシーの守られた庭は、建物のかたちによって決まるのではなく、住まい手がどれくらいそういった外部空間を希望しているか、思い入れがあるかによって生まれるといっていいと思います。

では、そんな中庭の基本的なしつらいはどのように考えればいいでしょうか。もちろん敷地内部のことですから、住み手の自由な、言葉を換えれば住み手が一番楽しめて落ち着けるようにするのが大前提で、絶対的な決まりなどないのですが、コートハウスをいくつか設計してきた経験からポイント的なことをあげておきます。

私は中庭をつくるとき、単に家のなかから見るだけの庭ではなく、頻繁にそこに出て楽しめるしつらいにしたいと思っています。庭（外）に出て、何をするかはいろいろ考えられますが、お茶を飲むにしても本を読むにしても、何かベースになるような場所が必要だろうと思います。つまり、ちょっとしたものであっても、テーブルとイスを置ける場所くらいは確保したいのです。そのためのスペース、広さをとることがまず1点。

次に、気軽に室内と行き来できるようにすることが大切です。そのためには内外のつながりをできるだけ自然にしなくてはなりません。そうすると、床材の選定が意外に重要になってきます。

中庭の床は、土のままや芝生にすることもありますし、モルタルで固めてしまう人もいるかもしれません。でも、楽しむための庭として、テーブルやイスを置くような少ししっかりとした足場にするなら、タイルやレンガ、あるいは木製のデッキなどが選択肢としてあがってきます。プライバシーの守られた屋

木製デッキにした中庭の例。簡単なイスとテーブルを出して木の下でくつろげば、周囲の環境に関わらず自然を満喫できるしつらえとなります

内的な中庭とはいってもやはり「外」ですから、雨や雪、日照などの環境はどうしても厳しくなります。ですから、つくった後にあまり手入れ＝メンテナンスをしたくないのであれば、タイルやレンガが有利になるでしょう。

私は今まで、数多く木製デッキを採用してきました。それには次のような理由があります。

まず、I邸のところで書いたように、木の質感の魅力です。タイルやレンガに比べて柔らかい感じがしますし、きれいに保たれていれば、素足とはいかなくても室内のスリッパでそのまま出て行ける気分になるのではないでしょうか。タイルやレンガが、外＝下足を履くイメージがあるのに対して、木製デッキは外と内の中間的な感じがあると思います。

さらに木製デッキを敷く場合には、最下層のレベルはデッキ面ではなく、デッキ下の床面になる点があります。雨などの水処理はデッキの下の床レベルで行うので、いってみればスノコが置いてあるのと同じ状態になるわけです。ですから、背の高いスノコをつくれば（＝デッキの高さを調整すれば）屋内の床と屋外のデッキのレベル差は、ゼロにすることも可能になります。

床レベルの違い（段差）は、人の気持ちに大きく影響するもので、たとえば一つながりの室内でも、途中に一段段差を設けるだけで二つの違った場とすることができます。その一段があることによって、気持ちが大きく切り替わるのです。これは逆に考えると、床高さを揃える＝フラットにすることで、違う二つの場を違和感なくつなげることもできるということです。気軽に出られる中庭をつくりたいときの床仕上げとして、私が木製デッキを採用する所以です。

愛すべき緑のしつらい

テーブルやイスの置ける場所を確保し、気軽にそこに出られる工夫をし、残るは緑のしつらいです。コートハウスの中庭ですから、それほどの広さではないことが前提で、緑の配置や考え方も選択肢は多くありません。

私が基本として考えているのは、中庭に出ての行為（お茶を飲んだり、本を読んだり、土いじりをしたりなどなど）に対して何かしらよい影響を与えられる植栽です。

たとえば夏の強い日差しに照らされながら、中庭でお茶を飲むのはちょっと辛いです（かき氷ならいいかもしれませんが）。同じく草花の手入れなども暑くて億劫です。そこで、シャドーツリーという、緑陰をつくる高木という発想になります。植える場所が広くないので、1本になることが多くなります。

高木を1本、自分の庭に植えるとなると、皆さんそれぞれ思いも強くなって、

コートハウス3例。（上）コの字型で囲まれた広いデッキ。手前はナンキンハゼの並木。（中）屋上庭園とも連続する中庭の風景。主木はコブシの株立ち。（下）隣家の庭を背景にマキの生け垣にシンプルなツツジの刈り込みの昇り庭

思い出のある木、大好きな木、珍しくて興味の持てる木、などいろいろな視点と思いで樹種を選ぶことになります。何を選ぶのも自由ですが、私が原則としているのは、できるだけ四季折々の変化が楽しめること（新しい芽が出たり、葉の色が変化したり）、花が咲く（愛でる）楽しみがあること、できれば実を収穫する楽しみがあることなどです。最近は、シャラやハナミズキの人気が高く、そのほかにもエゴノキ、カエデ、カツラ、サルスベリ、ヤマボウシなどもシャドーツリーにすることができるでしょう。ずっと一緒に暮らすことになる大切な1本として、長く愛せる木を選んでもらえればいいと思います。

主木が決まれば、次にその足下のしつらいです。これは、住まい手がどれくらい植物と関わる生活を望んでいるかによって多少変えなければなりません。自分で土をいじり、草花を育てたいというご希望があるなら、主木の足下をそのスペースとして園芸的で、かつ日影にも強い木や草を選びます。逆に、できるだけメンテナンスフリーな状態をお望みなら、日影に強い灌木類を選ぶのがよいでしょう。

小さな中庭でも、いえ小さな中庭だからこそ、おざなりに考えるのではなく、生活と密着した愛すべきしつらいにしたいものです。

町に住まう作法

コートハウスであるなしに関わらず、昨今流行の小住宅は外部空間を取り込む必要性に迫られています。ただでさえ狭い敷地に家を建てるのですから、家のなかにいて圧迫感のない、つまりいかに狭さを感じさせない室内にできるかが問われ、そのためには内と外のつながりをどうするかが大きなポイントになるのです。極端にいえば、狭小敷地の計画はすべてコートハウス的に庭を取り込む発想が必要といえるかもしれません。

実際、雑誌に出ている小住宅でコートハウスの形式に依らないものでも、スクリーンなどと称する一種の壁を設けて隣地や道路からの視線を遮っているものが多く見かけられます。

しかし、外からの視線を遮ることに固執しすぎると外に対して無愛想になりやすく、過剰に敷地外を拒絶した得体の知れない「怪しい」家になりがちです。

家を建てるということはその場所で暮らすことであり、近隣の人々とも永くつき合っていかなければなりません。それなのに、かたくなに防御壁を巡らせて周囲との関係を絶とうとしているように見えたのでは、近所の人たちに溶け込むことも難しいのではないでしょうか。

コートハウスは、まず敷地を大きく囲い込んで、内部のプライバシーを守る

9頁のI邸道路側のしつらえ。植栽のほか、大きめの窓を格子窓として内部の暮らしの気配が伝わるように考えています

のが基本ですが、だからといって道にのっぺらぼうのようなコンクリートの壁を立ち上げたのでは、外を拒絶しているといわれても仕方がありません。

囲い込むのは基本だとしても、少なくとも道路側には「愛嬌」が必要です。なかの生活をほんの少しだけ楽しく外に見せてあげること。それは、住んでいる人の人柄が分かるような仕掛けをすると言い換えてもいいかもしれません。住んでいる人の笑顔が浮かんでくるようなものであれば言うことなしです。

仕掛けとしては、さまざまなことが考えられ、それこそ建築家の腕の見せどころですが、一番分かりやすいのは、やはり植栽を施して、道行く人に緑を楽しんでもらうことでしょう。植栽というほどではなくても、小さな鉢を置くスペースをしつらえるだけで、ずいぶん印象は違うものです。ほかにも窓の大

都市部で敷地が厳しい状況でも、道路際のちょっとしたスペースに植栽をするだけで町に潤いが生まれます

きさや位置の工夫、玄関扉廻りの配慮などいろいろ考えられると思います。

たとえばI邸では、道路側の建物の壁に格子窓を設けています。格子窓は、内部の生活の気配を外に伝え、南からの光を内部に取り込んでくれます。同時に、格子の特性として正面に立たなければなかを覗くことはできず、日中、屋外のほうが明るいときには、内部はほとんど見えません。室内のプライバシーを守りつつ、生活の気配を外部に伝える工夫といえます。

プライバシーを大切にしながら、町とどう接するのか。家のあり方は、はっきりと住まい手の町に対しての姿勢を見せてくれるのです。

前庭の緑をつくる

次に建築的な配慮のほかに、道路側、アプローチ周辺など家と町が接する部分＝前庭の緑について考えてみましょう。

I邸では植えマスにドウダンツツジとマツバボタン、シバザクラを、M邸ではオオムラサキ、ヒラドツツジ、キリシマツツジの3種類のツツジにユキヤナギ、キンモクセイなど花の咲く低木を中心に植えたと前述しました。

新興住宅地のボーダーガーデンの例。歩道よりに低木、少し下がって中木を配して道路側の圧迫感をなくしています

I邸のように、道路に対して細長く植栽スペースが設けられる場合、ボーダーガーデンという考え方があります。つまり道路を縁取る緑というわけです。縁取るのですから、細長く一定の規則性で緑が続くことが原則となり、その緑のラインをどのように構成するかで植物の種類も変わってきます。

一般的には、建物沿い、道路沿い、その中間など、ラインを2～3本に分けて考えて、建物に近づくほど背の高い木を配すると美しい構成になります。このうち、一番道行く人が接することになる道路沿いでは、草や木の手入れが好きな住まい手であれば園芸的な花（宿根草、球根類など）も可能ですし、比較的メンテナンス不要にしたければヒメリュウやフッキソウなどの地覆類やツツジ類など灌木がよいでしょう。

道路側のわずかなスペースとはいっても、I邸のように日当たりがとてもよいなど、草木にとって恵まれた環境であるケースもあり、きちんと計画さえすればとても楽しい顔を町に見せることができるはずです。

一方、M邸のように間口に対して駐車場が大きな比重を占めていて、ボーダー状にできない場合には、ポイント的に緑を配するのが効果的です。広めのスペースが取れれば、その家にとどまらず、やがては周辺の目印になるようなシンボルツリーとして高木を植えることも考えられますが、ほとんどの場合には広さが限られるため、ヒメシャラやハナミズキといった、幹が細くて樹形の

中庭に植えたヒメシャラ。細い幹の美しい樹形のほか、赤味を帯びた幹の色や可憐な花も楽しめて人気の樹種です

きれいなものが選ばれます。いずれにしても、1メートル四方程度であってもスペースがとれるなら、灌木や草花だけでなく中高木を1本入れると、体裁がずっとよくなります。

ちなみにヒメシャラは、樹形や葉の美しさのほか、赤味を帯びた幹も楽しめますし、もちろん花も楽しめます。狭いところでもよく育ち、手入れがあまり必要ないところも人気の秘密なのかもしれません。ヒメシャラのほかにもクロモジ、ツリバナ、マルバノキ、メグスリノキなど似たような特性をもついろんな木がありますから、よく研究して好きなものを選ぶとよいでしょう。

家の「身だしなみ」を整える

町に住まう作法として、道路や周囲から見たときの様子に気を配ること、そして建物と道路の間には前庭として植栽を施すとよいと書いてきました。前庭とはいいつつ、最近の小住宅ではまともな庭のスペースさえ取れないことが多いですから、住まい手にとっても緑を楽しむ貴重な場所ということできます。

そんな、庭に十分な広さが取れないような住宅が増えている今だからこそ、前庭の緑は自分たちのためだけでなく、また近隣への心遣いのためだけでなく、社会的にも大きな意味を持ってくると思います。この項の最後に、その点について思うところを述べておきましょう。

M邸では、道路側に3種類のツツジとその後ろに少し背の高いキンモクセイなどを植えています。ただ、浴室の前の部分だけは目隠しの意味もあってムクゲとカクレミノという、さらに背の高くなる木を選びました。視線を遮るためだけなら、方法はいくらもあります。しかし、あからさまな目隠しは、見てあまり気持ちのいいものではありませんし、まして多少距離があるとはいえそれが道路に向いているなら、もっとさりげなく視線を遮る工夫があってよいと思ったのです。

言葉を換えれば、板を貼るなどのあからさまな目隠しがひたすら内部を見られないようにという内向きの発想であるのに対し、植栽での目隠しはいくらか気持ちが外へも向かっているとはいえないでしょうか。この、少し外に対しても気持ちを向けるということは、まず自分の家の身だしなみを整えることにつながると思うのです。だらしないところを見せない。そして、そうした気持ちが家の回りの緑を考えることにつながっていくと思います。

外に出て、道を歩いて、季節の移ろいを感じるのは楽しいものです。それは自然のなかで生きてきた人間本来の安らぎにも通じるものでしょう。家からわずかなところに、自然を満喫できる公園や街路樹があればいいのですが、残念ながら今の日本では少数の例外を除いて、そんな住宅街はほとんどないのが現実です。公的な場所の緑に期待できないとすれば、残るは一軒一軒が少しずつ

郊外の新興住宅地では、最初から道路側に木を植えるといった条件のあるところもあり、緑の多い町並みを形成します

でも緑を提供し合うしかないのです。塀とカーポートと門扉だけが連なる街並みは味気なくても、そこに緑の連なりが生まれれば、きっと格段に住みやすい町になるのではないでしょうか。

大金をはたいて手に入れた自分の土地なのだから何をしても自由。確かにそうです。でも大切な土地だからこそ、少しでもよい環境にすべきでしょう。そのために、わずかな土の部分も無駄にせず、家の身だしなみを整えるように前庭を計画してほしいと思います。

余談になりますが、先日見た、建売の住宅街では、足元の10センチほどの隙間にもつる性の植物を植えるなど植栽計画が施されていました。建売住宅ですから、そこを買った人に緑を育てる意識がなければ何もなりませんが、少しでも潤いのある住宅街をつくろうとするディベロッパーの意識が感じられました。将来、土地を買って家を建てる人たちの町は無味乾燥で、建売住宅群のほうがずっと環境がいい、などということにならないためにも、家の回りの緑についてもう一度よく考えてほしいと思うのです。

屋根のある「外」の楽しみ方

サクラを守れ！

植物を生活のなかに取り入れて楽しむのは、庭がなければできないわけではありません。室内で観葉植物などを大切にする方法もあれば、ベランダのプランターで草花を育てることもできるのです。

家を建てるときに大切なのは、緑をどうするかというよりは、内部と外部をどのように上手に関連づけて構成するかでしょう。外の風景を巧みに取り込んだり、気軽に外部に出られるしつらいをしたりすれば、内部の生活もずっと豊かになるはずです。

そんな内と外のつながりとして、ちょっと変わった例を紹介しましょう。

カバードデッキと呼んでいますが、カバーのかかったデッキ。つまり屋根のあるデッキ・テラスをつくった例です。デッキ・テラスは慣用句のようで辞書にも出ていませんが、デッキは船の甲板の意味ですから、甲板のように板を敷き詰めたテラスと考えてよいと思います。

デッキ・テラスにすると、前述したようにほかの素材、たとえばタイルやレンガなどの材料を使うよりも、はるかに素足で歩ける感覚が強くなると思い

写真の左端に写っているのがH邸道路側のソメイヨシノ、中央がH邸。工事直後なので、ソメイヨシノも刈られて寂しい様子ですが春になれば今も美しい花が楽しめます

ませんか。それはつまり、室内の延長としてのイメージを強くもたせることができる、ということにつながるのです。

ここで紹介するのは、そんなデッキ・テラスに屋根をかけて、外部にあるはずのテラスをさらに屋内化した例2件です。1件は多少大きな家で、古くから町の人々に親しまれてきた2本の木を残しながら建て替えた例、もう1件は対照的に密集地に建つ混構造の住宅です。

まずHさんが家を建てたいという敷地は、道路から一段下がった、崖のようなところでした。

世界の四大文明を思い出すまでもなく、かつての自然な集落は川沿いに発展したといわれていますが、Hさんの敷地は谷の底を流れる小川に沿って家が建ち並び始めた、そんな集落の原型を思わせる風景のなかにありました。少し下がった、つまり小川に近いところにHさんのご実家があり、建設予定地はちょうど山の中腹のような場所に

崖の反対側から見たH邸。ちょうど建物の手前の大きなヤマザクラが満開です。崖に向かって生えているので、近隣の多くの人たちに春の訪れを告げてきたのでしょう

あったのです。

そうした風景のなかで、敷地を特徴づけていたのが2本のサクラの木。1本は崖側のヤマザクラ、もう1本は道路側のソメイヨシノです。

ソメイヨシノは、Hさんが生まれたときに、おじいさんが植えてくれたものだそうで、Hさんにとっても思い出深いもの。40年以上の歳月のなかで、周辺の人々にも春の風景としてなじみ深い木に成長していました。ヤマザクラのほうは樹齢は不明ながら、その立派な枝ぶりから相当な古木と推定され、こちらも辺りでは欠かせないシンボルツリーとなっています。

H邸は、崖地への対応と、この2本のサクラをどう残して、どう生かすかという2点が計画の出発点となりました。

サクラに限らず、町のなかには必ず道行く人を毎年楽しませてくれる木が数本はあるものです。新緑の頃には春を感じさせ、花が咲けば色や匂

H邸断面イメージ

い、そしてその華やかさが気持ちも引き立たせてくれる、そんな木です。秋になって道の落ち葉をかき集めるおばあさんの姿が原風景のなかに浮かび上がる人もいるかもしれません。それは、その木が特定の家の木であっても、その家の人たちだけのものではなく、町の人たち全員の大切な財産といえると思います。

建築を計画するときには、そうした木や緑への配慮も忘れないようにしたいものです。

H邸の2本のサクラは、まさにそんな町の財産ともいえる、多くの人たちから長年親しまれ続けてきたシンボルだったのです。

大屋根がつくるデッキのリビング

H邸敷地の崖側には、土砂崩れ防止のために擁壁があります。でも家を建てる場合、擁壁は擁壁でも宅地造成等規制法（宅造法）で定められ、認められたものでなければ、その擁壁に接して建物を建てることはできません。

あいにくこの敷地では宅造法認定の擁壁ではなかったため、H邸の計画は崖から離して、山側に寄せて建てるプランに最初から限定されました。

敷地は前面道路から一段下がったところにあり、その道路に近づけて建物を配置するというわけです。そのためアプローチは、道路から橋（ブリッジ）を

道路からアプローチするH邸のブリッジ。崖地で一段低い敷地であることを利用して、道路レベルを2階に設定。ブリッジを渡ると2階の玄関に入り、そこから1階のリビングに下りていきます

大屋根に覆われたH邸のデッキ・テラス。吹抜け状になっているので、とても開放的なテラスになっています。写真左上は玄関を入ったところ。入ると目の前に大きく開けた景色が広がります

渡って直接2階に入るような計画にしています。

H邸のプランを決定づけたのは、こうした敷地やサクラをそのままにという周辺の条件のほか、Hさんご家族の生活に大きな要因がありました。

Hさんご夫妻はともに学校の先生で、ご主人は造形作家としての活動もしていらっしゃいます。アーティストは、一旦創作活動に入るとそれこそ昼夜を忘れて創作に没頭します。毎日職場や学校に通う奥さんやお嬢さんたちとは、当然生活のリズムが違ってくるのです。このためHさんのアトリエとベッドルームは、別棟で計画してもいいんじゃないかという話がかなり初期段階からあったのです。

これらの条件を整理してたどり着いたのが、リビング・キッチンなどと個室からなる棟とHさんのアトリエ+寝室の棟をそれぞれ別につくり、二つの棟を大きな屋根でつなぐというアイデアでした。棟と棟の間をデッキ・テラスとして、庭とは異なる半戸外空間をつくり出したのです。道路脇のソメイヨシノを見ながらブリッジを渡って2階の玄関にアプローチし、扉を開けると2層分の大きな吹抜けのデッキ・テラス越しにヤマザクラが目に飛び込んでくる、そんな構成です。

デッキ・テラスは明らかに外なのですが、大きな屋根に守られていて、内部にいながらにして外の空気を楽しむような感覚を生みだします。

H邸のデッキ・テラスからリビング方向を見る。リビングの窓をすべて引き込めば一室空間のように使うこともできます。テーブルをテラスに出せば気軽にアウトドアリビングも楽しめます

斜面地ですから、デッキからはヤマザクラのほか、敷地の崖側を利用した奥さんお気に入りのハーブガーデンも、さらにその向こうの見晴らしも楽しめます。庭に出た感覚とは一味違った外部の楽しみ方の一例といえるでしょう。

生活のなかで親しめるデッキに

デッキ生活を、より充実したものにするには、デッキへの距離の取り方が大切となります。物理的な距離もむろん大切ですが、普段の生活のなかで抵抗感なくすっと出ていくために視覚的、感覚的な距離がより重要になるのです。

H邸では、デッキに接するリビングの開口部の建具をすべて引き込んで、デッキと内部が一体となるようにしています。建具が走る溝なども工夫して、内部とデッキがまったくフラットにつながっていきます。Hさんご夫妻は、家ができてからダイニングテーブルを新調されたのですが、デッキ生活を楽しむために、わざわざキャスター付きのテーブルを探して購入されました。

ご夫婦ともにお忙しい生活のなかでも、おいしい食事がすべての基本という共通のお考えで、設計打合せでうかがったときも、いつも一工夫されたおいしい料理を食べさせていただきました。そんな、キッチンとダイニングでの団欒を大切にされるご家族ですから、デッキにもダイニングスペースが広がって、きっと一層料理をふるう腕に熱がこもっていることでしょう。

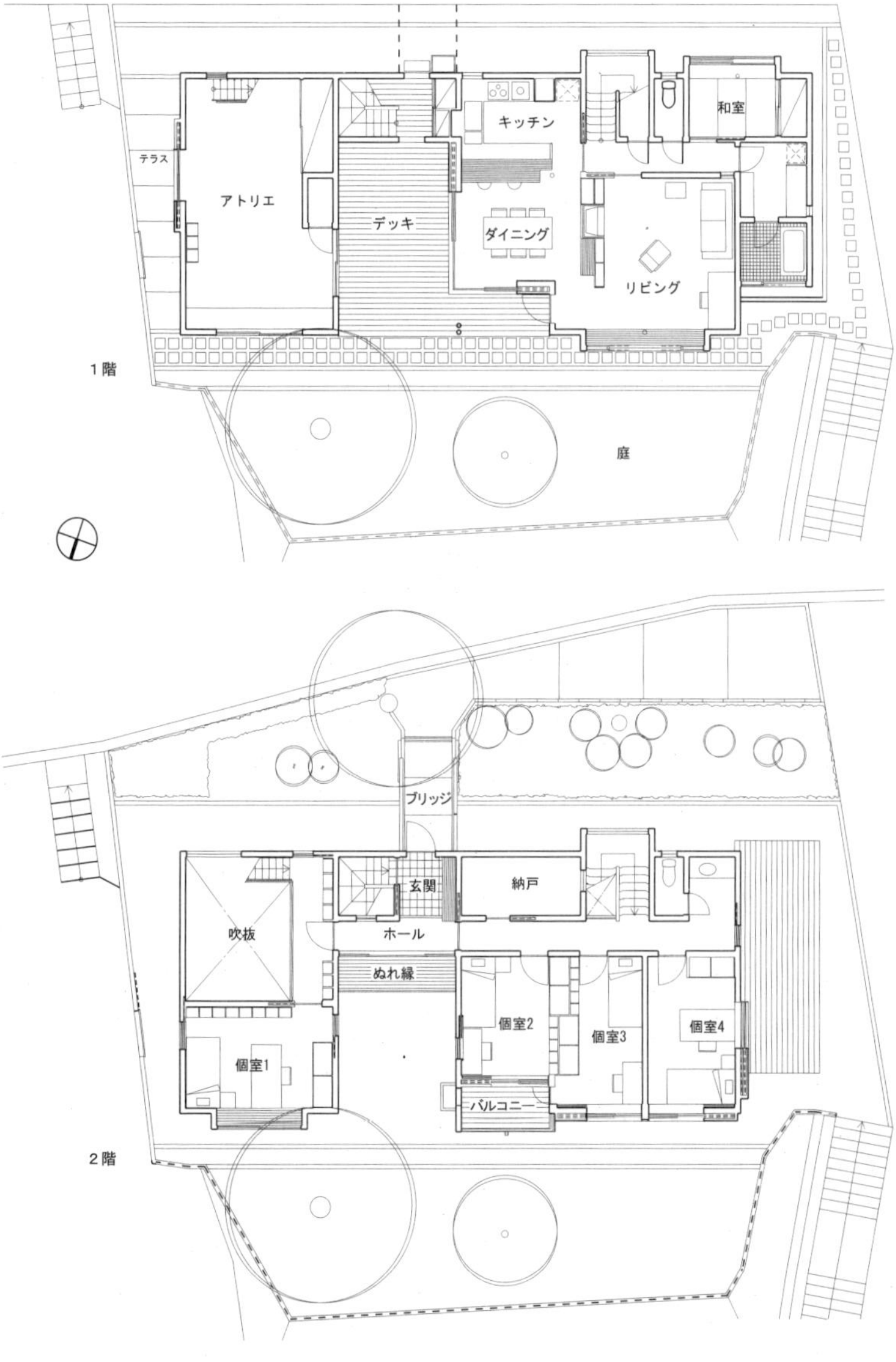
テラス
アトリエ
デッキ
キッチン
ダイニング
和室
リビング
1階
庭
ブリッジ
玄関
納戸
吹抜
ホール
ぬれ縁
個室2
個室3
個室4
個室1
バルコニー
2階

H邸平面図（S＝1：250）

また、デッキには二つの棟からアプローチするだけでなく、玄関から直接行くこともできます。玄関を入って右側にある木戸を抜けると、デッキまでの直通階段が用意してあるのです。家族はもちろんですが、親しい友人や仲間なら屋内動線ではなく、こちらからデッキに直行し、アウトドアリビングとしてのデッキ・テラスでお茶を楽しむ、などというのもいいかもしれません。

「デッキでビールを飲みながら眺める夕立の風景が、とってもいいんですよ」

ご主人の、そんな言葉がカバードデッキの心地よさを改めて教えてくれるのです。

威力倍増！　密集地のカバードデッキ

H邸は敷地に立っていた木を残しながら、それを一層楽しむためのカバードデッキでしたが、木が育つ余地もないような都市部ではどうでしょう。実はカバードデッキは、庭が十分に取れないような密集地でこそ、その有効性が倍加されるのではないか、と密かに思っています。

S邸の敷地は、墨田区のアパートや町工場がひしめく、いわゆる下町の密集地でした。

敷地は約33坪。西と北の道路に面した角地ですが、南はアパートが、東には自動車工場が迫っています。ここに、1階に店舗と駐車場を入れて、上階に家

S邸カバードデッキを見上げる。トップライト状に屋根もあるので、外部空間でありながら内部的に使用できますし、植物にとっても温室のような快適空間です

屋内のリビングからデッキを見たところ。写真正面が西側にあたるので、外部からの視線と西日除けを兼ねて常緑の少し背の高いベニバナトキワマンサクを植えました

族5人で住みたいというご希望をかなえるためには、敷地を目一杯使ってさらに3階建て。とても庭のスペースを確保することはできそうにありませんでした。

しかし、周囲を歩いてみると細い道の両脇にびっしりと建物が建っていて、潤いを与えてくれそうな緑はありません。ここに、ただの箱のような建物を新築しても、果たして快適な暮らしができるでしょうか。まして1階にお店と駐車場が入って、生活の場が2階と3階になるとしたら、どうしても気軽に外に出て散歩を楽しむ回数もお年寄りなら少なくなるでしょう。

そこで住まいの中心となる2階の南側に、小さいながらも2層分の高さをもつカバードデッキをしつらえることにしたのです。

デッキの広さは約8畳。西側は西日と外からの視線を遮るためにコンクリートで立ち上がりをつくってベニバナトキワマンサクという常緑の木を植え、デッキ上に大きめの鉢を置いてヒメユズ、その足下に比較的手入れの簡単なゼラニウム、アイビーを寄せ植えで配しています。

わずかな広さと草木ですが、上部にはガラスの屋根が架かっていますし、外部からの視線からも守られています。２階ですから、日当たり、風通しも良好。１階の庭やデッキ・テラスより、もっとリビングの延長として使える緑のスペースといえるのではないでしょうか。

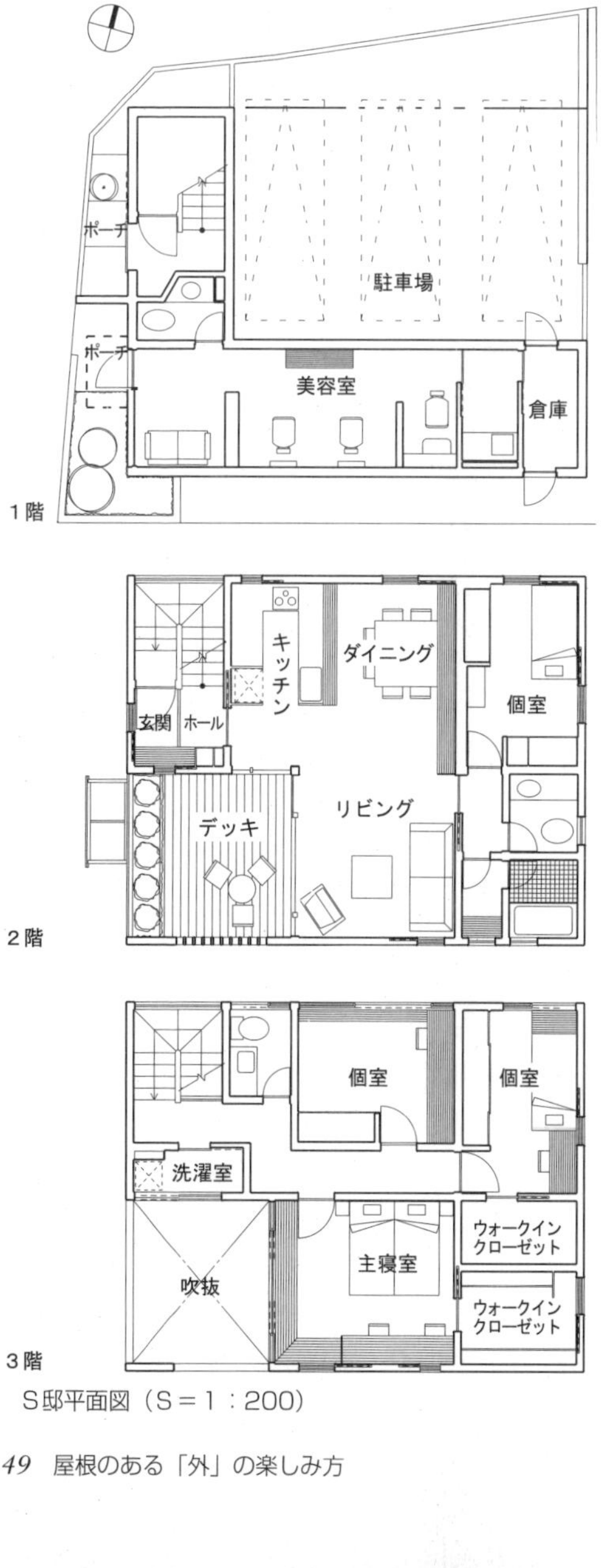

S邸平面図（S＝1：200）

開放しなくても一体的に外部をつくる

S邸では、カバードデッキを中心として計画が進みました。デッキを中心に2階、3階の間取りや空間構成が考えられたといっていいでしょう。

直接的につながるのはリビングだけでも、リビング―デッキのくつろぎスペースに対応するかたちでキッチン―ダイニングのおしゃべりスペースがあるというようなゾーニングがなされています。5人家族といっても、小さな子供がいるわけではなかったので個室が中心の間取りですが、生活動線とカバードデッキをリンクさせメリハリを効かせるようにしています。

リビングとデッキの間はガラスの片引き戸で結ばれています。ガラス面は、リビングから見て左からジャロジー窓、フィックス窓、片引き戸の構成で、ジャロジーは通風のため、フィックスはリビングとデッキの視線をきれいにつなぐため、そして片引き戸は出入口となるわけです。

デッキと屋内をつなぐ場合、H邸のように仕切りとなる窓類を引き込めるようにしてすべて消してしまう方法もありますし、このS邸のようにガラスを介する方法もあると思います。

S邸では条件が厳しく全面開放が難しかったという事情はあるにしても、全面開放することだけがデッキと内部の一体化を図る方法ではないでしょう。

もちろん屋内からデッキへとフラットに続く構成は大変気持ちのよいものですから、可能であれば検討する価値は十分あります。ただ、その場合でも、実際のデッキの使い方を想定して内外のつながり方を工夫することが大切です。人の気持ちや感覚は微妙なもので、ちょっとしたことで思わぬ抵抗感が生じます。抵抗感とまではいかなくても、ある動作や行為が自然に行われるためには、小さな石も丁寧にどけてあげるような心遣いが必要です。

S邸では、デッキへの出入口がかなり絞られている印象を受けるかもしれません。図面上では1枚の扉でしかつながっていないのですから。3枚や4枚の引き戸にして、もっと出入口を広くすることは十分可能です。ここでそうしなかったのは、一つにはリビングからの視線を大切にしたからです。リビングからデッキを見たときに短い間隔で縦框（サッシ枠）が見えるのではなく、大きな一枚の絵のように見えた方が、デッキが魅力的ではないか。魅力的に見えたほうが、外に出ようという気になるだろう、というわけです。

もう一つ、私の主義というほどでもないのですが、窓の枚数が増えるとガラスの位置が少しずつずれていって、窓から見える風景がゆがんだように感じられるのが嫌なのです。仮に4枚の扉を片引きで入れた場合、サッシ枠の見込み寸法30㎜としても1枚目と4枚目では100㎜以上ずれることになります。感覚としては引き戸が3枚以上になるなら、別の方法を考えるかどうか悩むという感じでしょうか。何もない状態で見えるものとガラス窓を通して見えるものが違っているのが、何となく偽物っぽくて嫌だということかもしれません。

もちろん、3枚以上だと絶対ダメということではないのですが、開放したときだけのことを考えて多少でも無理をしたり特別なことをしたりするよりは、普通の材料や考え方で工夫をして、いつでも気持ちよくいられる場にしたいと思っています。

コンテナ・ガーデンの小宇宙

2階のテラスでも十分に緑を楽しめるのは、コンテナ・ガーデン、つまりコンテナのようなボックスで緑を育てて楽しもうという発想によるものです。下町などで、よく家の前の道路一面に植木鉢が置いてあるような家を見かけますが、あれもコンテナ・ガーデンの一種なのかもしれません。

コンテナ・ガーデンのよいところはたくさんあります。

まず、小さなものであれば枯れてしまってもまたやり直せるという気楽さ。そして場所を選ばないという手軽さ。さらに大きな鉢やコンテナを用意すれば、かなり大きな木も植えられます（風の強いところには不向きですが）。

何よりも、その特徴は水やりが欠かせないことです。水やりが欠かせないというのは、手間がかかるということですが、その分、目は行き届きます。と、

窓の外のバルコニーに鉢を置いて目隠しを兼ねた例。２階にいながら窓の外の緑を楽しめますし、状況に応じて移動も簡単。コンテナ・ガーデンの魅力の一端です

同時に水のやり加減で湿潤状態にも乾燥状態にもすることが可能ですから、たとえば湿潤な土に適した草木と乾燥状態にしておく必要のある草木を同時に楽しむことができるわけです。

場所を選ばない特性を生かして、もしバックヤードのような場所がつくれるなら、育てるのをバックヤードで、花などが見ごろのときに人目のつくところに移動して楽しんでもらう、などということも可能になります。

移動できるという特性は、たとえばベランダや玄関付近に置いて、ポイント的に外からの視線をカットしたい場合にも有効です。全面覆ってしまうのは嫌だったり、ある時期だけ目隠しがほしい場合などには、まさにうってつけなのです。

これらは何も外部空間に限ったことではなく、室内にも応用できます。観葉植物などはその代表的な例といえるでしょうし、室内、テラス、庭、とつながるように緑を配置すれば、室内外を自然

と連続させることができるでしょう。

手をかければかけるほど、どんどん豊かになっていく様子を見るのは、とても充実感のある楽しい作業です。ガーデニングブームというのは、もともとはコンテナで寄せ植えを楽しむようなところからスタートし、多くの人がその楽しさに気付いたということです。コンテナ・ガーデンは、コンテナ一つひとつが小さな庭であり、それだけで楽しめる立派な小宇宙といえるでしょう。

S邸では、コンテナの移動できる特性を生かしてデッキ・テラスだけでなくアプローチ廻りにも緑を配しています。

S邸の1階にはお店と駐車場が入るため、玄関を2階にもってきています。1階から外階段を上がって2階の玄関にアプローチするわけです。ただし不用心でもあるので、1階の階段入口に外木戸を設けました。つまり、外木戸と玄関の二重のプロテクターがあるわけです。その分、1階の外木戸周辺は生活感が乏しくなることもありましたし、また町の修景に少しでも寄与するように、家の角に大きめの鉢を置いてブルーベリーを植えました。下草はアイビーです。

また外階段の踊り場にも花を置いて、建物から緑がこぼれるような雰囲気になっています。これらは住まう人にとってももちろん大切な緑ですが、むしろ町に対しての緑といったほうがいいかもしれません。町に住まう作法として、緑をできる限り家からあふれさせた例といえるでしょう。

道路から見たS邸外観。角地なので、コーナー部分は少しスペースをつくって道路に対する圧迫感を減らし、同時にコンテナ・ガーデンで町に緑を提供します。また、２階のカバードデッキや外階段の踊り場からこぼれる緑も道行く人たちの目を楽しませてくれるでしょう

狭小敷地こそ緑を楽しみたい

コンパクトな都市住宅

最近は、若者向け、女性向けなど建築の専門誌以外の多くの雑誌が建築家を取り上げています。インターネットでも建築家紹介のサイトが増え、おかげでそういうものを見て設計の依頼をしてきてくださる方がずいぶん増えました。ここ数年は、雑誌やインターネットを見て、というクライアントのほうが多いくらいかも知れません。そんななか、五十嵐邸は少し違ったきっかけで設計をすることになった家です。

私は独立以来、多くの住宅を設計してきましたが、それを実際のかたちにする、つまり工事の過程で苦労することの一つに給排水の設備工事があります。いわゆる水道工事です。

給排水設備工事は、水やお湯をキッチンやお風呂までもっていく、また逆に捨てるための管をつないでいく工事が中心です。水を扱うため、ただでさえ慎重な納まりが要求される工事ですが、建築家が設計したものとなると十分な工事スペースがなかったり、かなり難しい配管経路になっていたりすることも少なくありません。厳しい条件下で、室内外の空間性がよりよくなるように考えていると、つい工事過程への配慮は「そこそこ」になってしまうのです。そのため、建築家側が満足できるようなしっかりした性能を保ちつつ、空間性が確保できるような工事をしてくれるところはなかなかないのです。

ところが、仲間の建築家や設備設計者、あるいはゼネコンに聞いてみて、誰もが口を揃えて誉める会社があったのです。それが五十嵐邸のご主人でもある五十嵐社長の五十嵐工業所でした。

私の設計した住宅についても、こちらの描いた図面から、ゼネコン側が施工図を起こす前に詳細な矩計図《かなばかりず》というものを自ら描いてしまうのには驚くばかりでした。もちろんそこに配管についてもしっかり計画されていて、工事自体も確かな技術力で安心できるレベルのものです。

そんなことで五十嵐さん(普段はみんなから親しみを込めて「たもっちゃん」と呼ばれています)には、ずいぶん多くの工事を担当してもらいましたし、打合せの後、何度も一緒に飲み屋に繰り出したものです。そんな、たもっちゃんが家を建てることになったといいます。これは、一生懸命やってあげねば。こうして五十嵐邸の計画はスタートすることになったのです。

五十嵐邸計画予定地は、都心から電車で20~30分の私鉄沿線の住宅街でした。中古住宅を土地付きで購入し、これを建替えようというのです。20年前なら郊外と呼べたであろう周辺は、すでに細分化された敷地に小さな家が密集して建っている状況でした。五十嵐邸も土地は28坪弱。おまけに建蔽率40％、容積率80％という厳しい条件付きです。広い庭をつくって内外の潤いを求めるようなことは難しく、いわゆる都市住宅とならざるを得ません。

五十嵐家は、ご夫婦と二人のお子さんの4人家族。当時、すでに中学生、高校生くらいのお子さんたちで、それぞれに個室が必要です。そうなると、敷地の条件をそのまま適用したのでは、所要室でとても十分な広さは確保できませんでした。

そこで地下室の容積率緩和の規定を利用して地下階を設けて3層にし、必要諸室を配置することを考えました。地下室の容積率緩和とは、天井高さが地盤面から1メートル以下など一定の条件を満たす地下室の場合には、容積率に参入しないという、おもに都市住宅を想定した緩和措置と考えてよいでしょう。

その結果、地下階が主寝室と収納（納戸）、1階が二つの子供室と浴室、玄関、2階がリビング・ダイニング・キッチンという構成になっています。

2階リビングとしたのは、みんなが長い時間を過ごすことになる場所として、一番気持ちよさそうなのが2階だろうと思ったからです。

こうしてコンパクトな住宅の概要が決まっていきました。

2階リビングの効用

最近では建売住宅などでも2階にリビングをもってくる例があって、以前に比べればずいぶん抵抗は少なくなったと思いますが、歴史的に考えても日中の大半を2階で過ごす住宅というのはやはり都市住宅特有の、かなり新しいもの

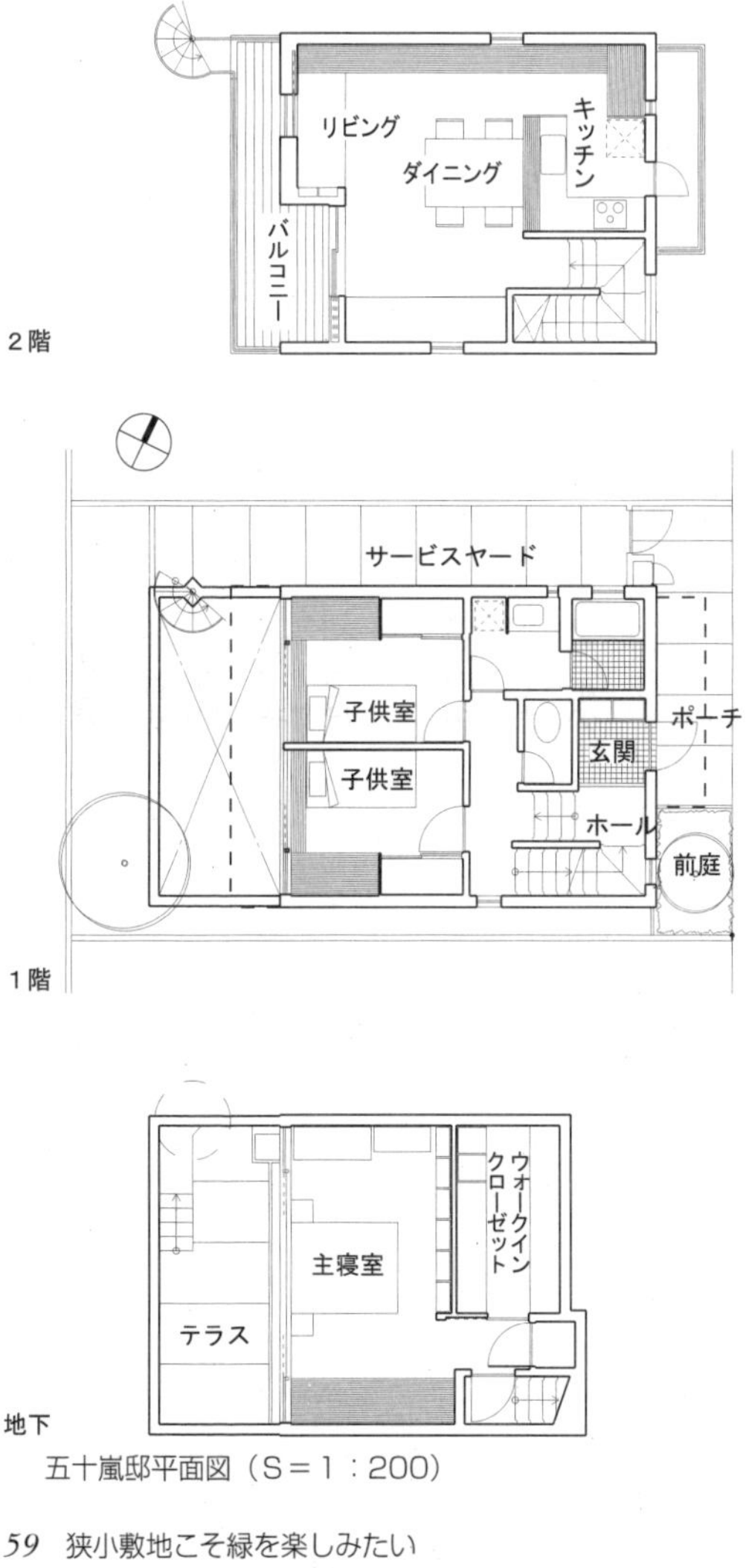

五十嵐邸平面図（S＝1：200）

と考えてよいと思います。東北地方には3層に見えるような古くからの民家もありますが、生活空間はあくまでも1階だったようです。

では、2階リビングのよさとはなんでしょうか。

まず考えられるのは、景色や日当たりということでしょう。密集地では隣家が迫っていて、1階には十分に日が差さなかったり、見えるのはコンクリートブロックの塀だけだったり。それが2階に上がると少しはマシになることが多いのではないでしょうか。

五十嵐邸でもやはり周辺環境の厳しさからリビングを2階に上げています。しかし、五十嵐邸では2階に上げれば劇的に開放的になるかというとそんなことはなく（多くの都市住宅でもそうだと思いますが）、面積的にも十分な広さとは言い難いこともあり、単純に2階に上げただけでは気持ちのよいリビングになりそうにありませんでした。

そこで考えたのが屋根の三角形部分をガラス張りにして、空に視線を抜くことです。

都市部では、屋根の形も法規の制約によってほぼ決まってしまうのですが、五十嵐邸もその例に漏れず斜線制限などをクリアするギリギリのところで切り妻の屋根が載っていました。その屋根のかたちをそのまま内部にも生かして、壁と屋根の隙間から空が見えるようにしたのです。

屋根のかたちをそのまま内部にも生かして大きな天井高を確保した例。法規制の厳しい都市部で開放的な空間としたい場合には特に有効です

そのためには切り妻の屋根が、2枚の板が支え合うようなかたちで保たれている必要があります。2枚の板が接する頂部の下に束を立てれば比較的簡単ですが、それだと三角形の窓は中心で分割されてしまいます。そこで屋根自体もコンクリートでつくり、構造的な工夫によって束なしで三角形をつくることにしたのです。屋根だけ木造や鉄骨造にすることももちろん可能でしたが、気密性、一体性、メンテナンス、さらにコストと総合的に判断してコンクリートを採用しました。屋根の棟は南北方向になっていたので、南側で十分な軒を出して夏季の強烈な日射が入らないように配慮し、空に伸びていく視界をもつ冬暖かく夏も暑すぎないリビングができあがりました。

2階リビングの効用の一つに、屋根が室内のインテリアに参加できるという点があげられると思います。2階というより最上階といったほうがいいでしょうか。とにかく、上階の床面がなければ、平らな天井にしなくてもよいわけですから。

五十嵐邸では、屋根と壁の間の三角形から空を見るということのほかに、屋根型を現した内部にすることによって大きな空間ボリュームを得ることができ、面積的な小ささを補う役目も果たしています。部屋が小さいと、壁面は収納やテレビを置くスペースに取られてしまって、窓とモノに囲まれるようになりがちです。これを低い天井でやると、室内が雑多な印象になってしまうのです。天井面を吹抜け状にして白で統一した五十嵐邸のリビングは、たくさんのモノに囲まれながらも、大きくてゆったりとした、落ち着ける空間になったと思っています。

階段を昇りきったところで見える五十嵐邸リビングの様子。屋根と壁の間の三角形から、空の青さが目に飛び込んできます

リビングのしつらいと緑の景色

面積的にもギリギリなのは五十嵐さんたちもお分かりでしたから、設計時、諸室以外の難しい要望は特にありませんでしたが、日常の生活空間となるリビングについてはいくつかご希望がありました。その一つに、奥さんの裁縫コーナーがあります。

以前、アパレル関係の仕事をされていた奥さんは、自宅でも好きなときに縫い物などをやりたいとのことで、リビングの一画に奥行きのある作業テーブルを据え付けることにしました。裁縫専用にできるほど広さに余裕がありませんから、家事一般をするための家事コーナーと呼んでいて、表面にはクッションフロアを一面、貼り付けてあります。これは、頻繁に使うまち針をすっと机に刺したいというご希望に沿うものです。

2階フロアは、リビング・ダイニング・キッチンが一体になった10坪ほどのスペースですからキッチンがあって、ダイニングテーブルを置いて、家事コーナーをしつらえるとリビングと呼べるほどのスペースは残りません。それでも、ゆったりとできる場所は必要です。

そこで部屋の一隅に、ベッドを流用した奥行きのあるソファを造り付け、居心地のよいコージーコーナーとしました。お客さんも、仲のよい友人が中心で

五十嵐邸2階。少し室内に引き込んだテラスの向こうにはカツラの木。都市部の狭小敷地でも、工夫次第で光があふれ、緑も楽しめるリビングをつくれるのです

すから、ダイニングテーブルで接客すればよい、という割り切りです。こうした割り切りがあれば、小さなスペースでも居心地のよい場所は確保できるということです。

また、2階に生活の中心があると、普段の生活は地面からは遠くなってしまいます。外とつながるという点では、一つには空と結びついていますが、やはり緑はほしい。

そこでリビング南側のバルコニー正面に見えるように、地表にカツラの木を植えました。カツラは落葉の広葉樹で成長が早いですから、やがて2階リビングからも十分見える大木に育ってくれるはずです。さらに部屋に少し食い込むようなかたちでバルコニーを設けて南側の日差しをたっぷり浴びられる外部空間をつくっています。バルコニーは、リビング側とフラットにつながっていて、内外一体でも使えます。

ですからキッチン側から見ると、室内と一体化する明るいバルコニーがあって、その向こうにカツラの緑を見ることができるのです。竣工後、しばらくたってからうかがったところ、このバルコニーにはたくさんの鉢植えの花が置かれていました。

さらにバルコニーには螺旋《らせん》階段が据え付けてあって、直接庭に降りることもできるようになっています。実際に頻繁に使うかどうかは別にしても、上階に

写真上
家事コーナーには、クッションフロアを上に敷き詰め、まち針をすっと刺しておけるようになっています
写真下
ベッドを流用してゆったりしたソファをつくり、落ち着けるコージーコーナーを部屋の一角にしつらえました

上がって行き止まり、ではなく、抜け道というか逃げ道のようなものがあると気が楽になるものですし、気が向いたときにいつでも庭に降りられるのは楽しいことでしょう。

2階リビングは、宙に浮いた生活空間だからこそ、緑や自然とつながることを大切にする必要があると思うのです。

小さな庭の楽しみ

五十嵐邸では2階リビングとして、緑の楽しみを主に2階へもっていきました。でも小さな敷地で、いつもいつも2階に緑の楽しみをもっていけるとは限りませんし、どうしても地上のわずかな土の部分を利用したい、ということも多いでしょう。そんなときは、たいがい細長くて路地のような場所で、狭くて日影でじめじめしていて、とおよそ植物の生育には向かないと思えるような条件になっているのではないでしょうか。小敷地の家づくりに欠かせない、そんな「悪条件」での緑について考えてみましょう。

狭い庭の場合、まず基本として、木を植えることでかえって狭苦しくなってはいけません。そんなことをしたら、ますます庭が狭くなってしまいます。

そう考えると、こんもりと緑の塊になってしまう常緑樹は避けたほうがいいでしょう。となると落葉樹で、枝ぶりが横に広がらない、つまりすっきりと垂直に木が伸びる樹種が好ましいことになります。さらに、樹幹を通して向こうが見えるような木であれば奥行き感が出てきます。樹種としては、シャラ、ナツツバキ、ツリバナ、ヤマボウシ、マルバノキなどがあげられます。

足下は、日陰に強い灌木類や草花を選ぶことになりますが、意外に洒落ているのがリンドウやキスゲ、そしてギボウシの仲間などの山野草です。山野草は可憐な花や草が多いのですが、山の斜面の日陰に生えているものも多く、生命力が強いのです。

また、茶室の路地庭などを思い出せば分かるように、伝統的な和風庭園は決して日当たりがいいものではありませんから、そこで使われているシダ類、木賊《とくさ》、マンリョウやセンリョウなども選択肢にあげてよいといえます。

常緑樹でも、ソヨゴなどのようにこんもりとしないものもありますから、落ち葉の処理が面倒などの希望があるなら検討する余地はあると思います。

路地状とはいえ多少幅があるところで、枝ぶりを気にしないのであれば、枝が横に広がる樹種はできるだけ建物側に植えると、建物側から通路の上を覆うように成長しますから見た目も美しくなります。落葉樹の場合には、隣家に葉が落ちないなどの配慮にもなります。

逆に、すっと垂直方向に伸びる種類は境界線側に植えると、敷地の内側を囲い込むようになり、より生活に密着した緑とすることができるでしょう。

「悪条件」下の植栽と適材適所

狭い路地状の「悪条件」の場所、と悪条件について「　」つきで述べてきました。これにはワケがあります。

植物にとって本当に条件が悪いのは、生育できないところです。家の回りでいえば、たとえば給湯器の熱風がいつもあたるとか、室外機の目の前とか、そういったところ。どんなに手をかけても、もともと生育できない場所に植えられた植物は当たり前のことですが成長することはできません（逆に、もし成長したなら枝葉が邪魔をして、ショートサーキットなど給湯器や室外機の能力を阻害することにもなります）。

しかしよほど土質の悪いところでなければ、山にはいつのまにか草や木が育っているように、たいがいの条件下で何かしらの植物が必ず生育できるのです。植物は、すべてのものが日当たりのよい南面に生育しているわけではありません。

そう考えていくと、一般的に「悪条件」といわれるような、狭い、暗い（日が当たらない）、湿気が強いなどというのは、単なる「条件」に過ぎないことが分かってきます。そういった条件に適した植物を選んで植えてやれば、十分に緑を楽しむことができるわけです。

たとえば竹を考えてみましょう。竹は、非常に強い植物で、その根は思わぬところに顔を出します。知らないうちに畳をぶち抜いて和室の真ん中にタケノコが表れたなどという話がたくさんあります。ですから小さな敷地で竹を植える場合には、根が広がっていかないように地中で根を囲い込むような工夫が必要といわれます。

写真上
道路から入口に至るアプローチを蛇行させて、細いスペースでも緑を楽しみながら出入りができるようにした例
写真下
道路から門までが路地状でも、工夫次第で緑豊かな楽しいアプローチになります。住まい手のセンスが問われます

一方、木が植えられないような細い通路のようなところがあるとしましょう。建物と境界線上の塀に挟まれているようなところです。そこは土の部分が狭い上に、土の下には建物や塀の基礎が出っ張っていたりして土の深さもわずかしかないことになります。一般的にいう「悪条件」そのものです。

ところがここに竹を植えると、湿気や日陰には強い上に、邪魔物だったはずの建物や塀の基礎が竹の根を囲い込んでくれているため、根があっちこっちにはびこる心配もありません。私の家でも、建物裏・北側の通路状のところに竹を植えてありますが、室内側から型板ガラス越しに見る竹の葉影はなんとも風

北側の通路上のスペースに竹を植えてみました。竹は湿度にも強く、日当たりがそれほどなくても生育します。内部から摺りガラス越しに揺れる竹の葉も風情がありいいものです

情があって良いものです。

悪条件と諦めるのではなく、条件にあった植物を探して、選んで、いろいろな楽しみ方をすれば、小さな家でもずっと豊かな生活になるのではないでしょうか。

緑の海に浮かぶ家

記憶に残る「緑の家」

もう25年近く前になります。あるご婦人から住宅の設計依頼をされました。私より10歳ほど上だったでしょうか。落ち着いた雰囲気のご婦人は、大好きな植物と一体で暮らせる家がほしいというご希望でした。

ご婦人はお嬢さんとの二人暮らし。建築条件付きという、建設業者が特定されてしまう土地売買のシステムを嫌い、建築条件のつかないところを探しに探して決めたとおっしゃる土地は、2メートルほどの崖の上に広がる約100坪です。敷地の奥にはキキョウの花や紅葉が近隣の人たちに親しまれている、比較的大きな公園があり、見方によっては公園の一画にあるような土地でした。

ご要望は、画家として絵を描かれるご婦人のためのアトリエをつくることのほかに、女性二人で不用心なため、近くにある大学の学生向け貸間を設けたいこと。好みとしては、コンクリートの打放しにペンキを塗った質感、白い壁、地中海のギリシャの家みたいなロマンチックな雰囲気などが好き。そして、新築時に一番きれいで、どんどん汚くなっていくだけではなく、時間を受け止められるような家、極端にいえば廃墟のような家にというご希望もありました。

25年前といえば私もまだ30代前半。設計して実際に建築をつくった経験よりも、本や雑誌で得た知識のほうが多いくらいの頃です。お話しをうかがって、いろいろなストーリーを考えコンセプトを想定しました。そしてたどり着いたのが、地中海の青い海ならぬ緑の海に浮かぶ船のような家というイメージだったのです。

緑の海に浮かぶ船。建物はご希望に沿ってコンクリートの打放しに白いペンキ塗り。2階のアトリエには外部バルコニーを設け、船のデッキから島に渡るように、さらに海辺に降りていけるように階段を回しました。

建物自体は、モダンデザイン一辺倒ではなく、多少クラシカルな印象になるような普遍的なデザインも散りばめました。時間が過ぎても古臭くならないためです。

また廃墟のようなというご希望に沿って、大きな建物の3分の1ほどが緑に呑み込まれて朽ち果て、残りの3分の2で暮らしている、という大きなテーマを設定し、朽ち果てた建物の象徴のように、敷地と公園の境に結界となるコンクリートのゲートをつくっています。

植栽については、道路側など目隠し的な高木について相談して決めた程度で、基本的には「好きにしたい」というご要望通り、こちらではほとんどなにもしていません。舞台だけをしつらえて、そこで演じられるものについてはすべて

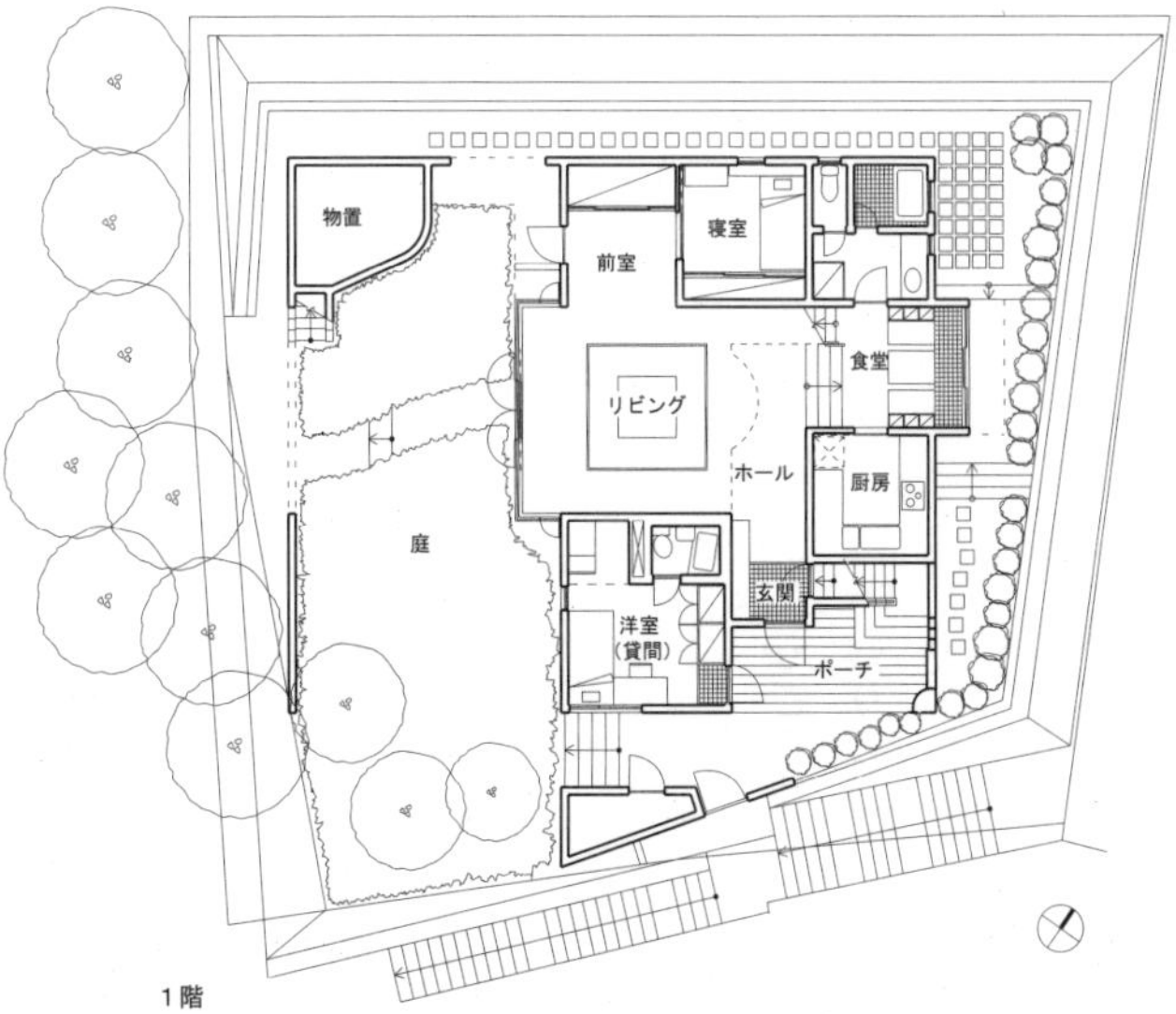

1階

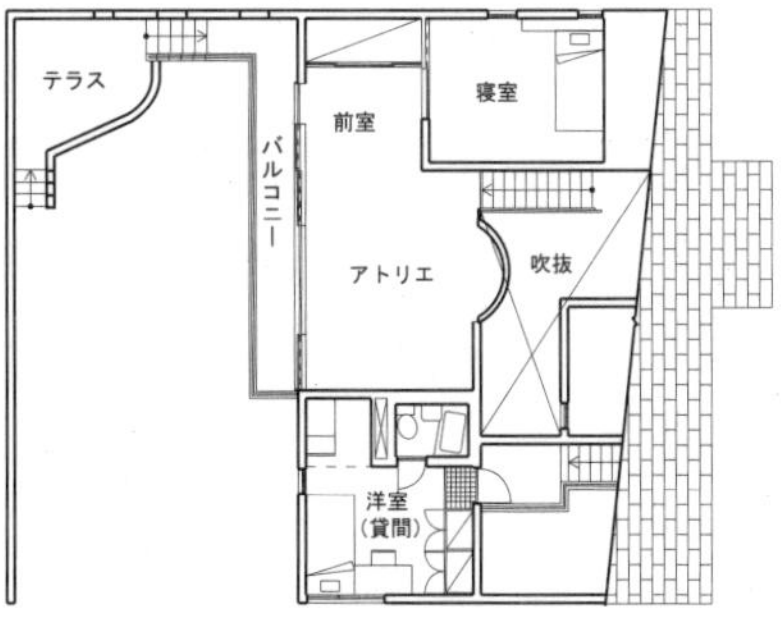

2階

O邸平面図（S＝1：300）

お任せした、という感じです。

建物内では、庭を眺めるリビングをラウンジ・ピットとして掘り込み、さらに掘りゴタツとして、座ったときの視線をかなり下げています。奥の公園側に向かって昇り庭状に土面が上がっていくため、リビングに座ったときには、目線の先から空まで緑が伸びていくように見えるしかけです。

道路から見たO邸。正面階段の右上に見えます。竣工時に植えたハナミズキも成長して地域のランドマークに

植栽について私は手をかけていないのに、なぜ緑の家として記憶に残っているかといえば、やはりクライアントの緑に対する姿勢が強烈だったからでしょう。

家を建てる場合、どんなに木や花が好きな人でも、室内と室外は意識のなかでよくてイーブン。ほとんどの人は室内のほうが高い比重を占めると思います。ところがここでは、庭のあり

O邸の庭。写真は、竣工後20年近くたってから。ほとんどの植栽はOさんの手によるもので、まさに生い茂る「緑の海」といった感じになっています

方、庭と室内の関係が主であったと思えるのです。

当時、いえ、現在に至るまでを考えても、このときほど庭と一体になった生活を望まれたことはなく、その意味で庭や緑と建物の関係を考える私の原点といってもいい、思い出深い住宅です。

竣工から約25年を経た現在、クライアントの丁寧な花の手入れと長い時間が折り重なって廃墟の風情も増し、文字通り緑の海と化した庭からは緑の波が風になびいて建物に打ち寄せています。

リビングから見た庭。ゲートの向こうの公園まで、緑の海が続きます。手前の掘り込んだピットから見ると、ゲートに向かって緑が昇っていくようです

イメージのズレを楽しめる家

そんな思い出深い家の設計から19年ほど過ぎたある日、思わぬ依頼が舞い込みました。それは、Oさんの妹さんから住宅の設計をお願いしたいという連絡だったのです。

個人住宅の設計をしていて、以前設計した家のクライアントの紹介で、新しい依頼がくることは本当に嬉しいことです。なぜなら、以前のクライアントが、できた家に十分に満足しているからこそ、ほかの人に紹介してくれると思うからです。

建築家は、ハウスメーカーのようにモデルルームやモデルハウスをもっていませんから、不特定多数の人に設計した家を見ていただくことはできません。つまり、クライアント側からしてみれば、自分たちがお金を払ってつくるものなのに、出来上がるまで目にすることも触ることもできないということです。ですから、家ができるまでの打合せや説明の場では、深い信頼関係のもとでお互いに相手を理解しようとする努力が大切になります。

でも、人の想像力には個人差もあって、どんなに綿密な打合せをしても、実際に出来上がるものと思い描いていたイメージにズレがあるのはある程度仕方のないことです。ズレ幅が大きすぎれば「こんなはずではなかった」とトラブルになりかねませんが、適度なズレで、しかもよい意味で驚き、喜んでもらえるものをつくろうとするのが建築家だといえるでしょう。

以前のクライアントが推薦してくれると嬉しいという意味は、つまり設計を依頼し、家を建て、実際にそこに住んでみて、イメージとのズレも楽しみつつ「ああ、あの人に設計を頼んでよかった」と思っていただけた証ということなのです。

まして相手が妹さんという近しい関係の人であれば、ザックバランに家の様子もお話されていたでしょう。住んでみないと分からない家の不満や注文も、きっとお話されているだろうに、それでも私を選んで依頼に来てくれたのは建築家冥利《みょうり》に尽きるといってもいいほど喜ばしいことなのです。

緑が楽しめる都市住宅の庭

姉妹だから、というわけでもないでしょうが、妹さんの家の予条件もなんとなくお姉さんのときと似通っていて、家族構成もお母さん（妹さん）とお嬢さんの二人暮らしでした。また、お姉さんが絵を描くためのアトリエを望まれたように、妹さんは趣味のカードを楽しむスペースを望まれました。ただ、まったく違っていたのが敷地の状況です。

お姉さんの家は、郊外の約100坪で、後ろには公園が控えているという緑豊か

手前がカーポート、奥が右側（道路側）に向かって昇っていく庭。当分使う予定のないカーポートは、10センチ幅で土を入れて好きなところに花を植えられます

な環境でしたが、妹さんのほうは都心にほど近い私鉄沿線の50坪強。近隣からの視線も考慮しなければならない都市住宅としての環境でした。

都市住宅の手法として、もちろんコートハウスも考えられましたが、日影にならない庭がほしいというご希望もあったため、長方形の敷地の南側を空けて庭にし、建物を北に配置する、オーソドックスな計画となりました。

こうした配置計画で庭をつくる場合には、まず道路や隣家からの視線を遮るた

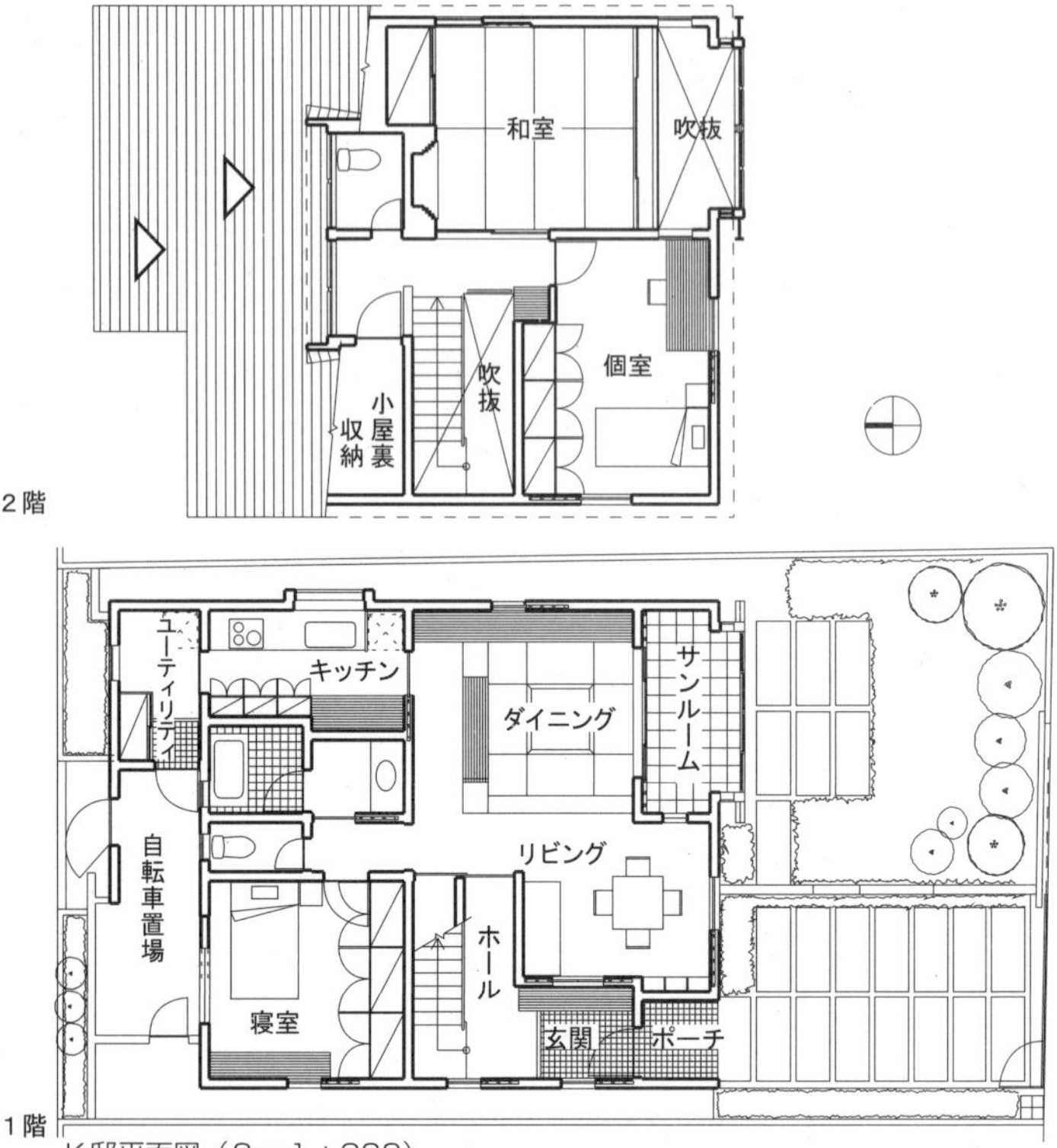

K邸平面図（S＝1：200）

めに外周に高木を配して目隠しとし、足下の低木類で修景するのが基本的な手法といえます。ここでも、それに則って提案したのですが見事に却下。

　理由を聞いたところ、草花を育てたいとおっしゃるのです。

　お姉さんは、最初からまさに庭と一体になった家をご希望で、敷地もそれに適したところを探していらっしゃいましたから、こちらも当初から庭についてはお任せした経緯があります。でも妹さんの家は、「緑の海」にするような広さではありませんでしたし、最初の頃、お話をうかがったときには、それほど植物に思い入れがあるようには見えなかったのです。

それで改めてお話をしてみると、どうやらお二人のお母さんがきっかけであることが分かってきました。ある地方の、比較的大きな家で庭も広かったご実家では、お母さんがいつも庭で花の手入れをされていたらしいのです。そんなお母さんを、小さいときからいつもご覧になっていたお二人は、状況の如何を問わず、自分たちも同じように花を育てながら暮らしたいと考えるようになっていらしたのでしょう。

とはいっても、それほど広い庭はとれませんし、都市部の敷地なのでプライバシーの問題も蔑《ないがし》ろにはできません。

そこで南側の道路際で、内部をのぞけない程度まで壁を立ち上げて視線をカット。建物側からは、この道路際の壁に向かって緩やかに傾斜するように土を入れた昇り庭としました。そして、いろんなところでさまざまな花が楽しめるように、踏み石を適当な間隔で並べたロックガーデンにしています。

また、当面必要ないのですが、将来的に確保しておきたいというカーポート部分は、コンクリートに1メートルおきに10センチほどの土の目地を入れて、好きなところで花が楽しめるようになっています。

サンルームのもくろみ

庭と建物の関係についていうと、妹さんの家では畳敷きのダイニングと庭の間にサンルームを設けています。サンルームは、文字通り温室として、冬場の植物の避難場所になりますし、室内から庭へ至るまでのワンクッションとなって、庭と室内の関係に奥行きを与えてくれます。お姉さんの家ほど、庭も室内も十分すぎるほどの広さは確保できないので、両者を直接結びつけるとかえって雑然とすると考えたのです。

南に面したサンルームでは、冬場はダイレクトゲイン※としてここで温めた空気を北側に循環させて補助的な暖房にしています。夏の暑さに対しては、サンルームの上部をすべてジャロジー窓にして熱い空気を放出するようにしていますが、もちろんこれだけでは足りません。もう一つ、日射自体を遮ってなかに入れないようにしたいと考えました。

そこでサンルームの上部の外側にトレリス（格子）をつくって、つる性の植物を絡ませることにしました。植物はノウゼンカズラとツキヌキニンドウ。

ノウゼンカズラは日本の固有種ではありませんが、入ってきたのが古く、日本ではなじみ深いつる性植物です。夏の間、オレンジ色の、比較的大きな花をたくさん咲かせて楽しめます。

ツキヌキニンドウは明治頃の渡来といわれているつる性植物で、ラッパ状の赤い花を、やはり夏の間たくさんつけます。葉っぱの中央を突き抜けて花がつくように見えるところから、その名がつけられたそうです。

※ガラスを透過して室内に取り込まれた太陽熱のこと

吹抜けのサンルーム。冬場には植物の避難場所になり、またリビングと庭の間のワンクッションとなる空間です。ジャロジー窓の外側にトレリスを設け、つる性植物を這わせます

木製のトレリスを使ってつる性の植物を生い茂らせて目隠しにした例。トレリスとつる性植物を組み合わせると、立体的に緑が楽しめるのでいろいろな使い方が可能になります

予定では、この2種類の花がトレリスを伝って生い茂り、夏は日を遮り、冬は落葉して日光を内部に導く、はずだったのですがトレリスが高すぎたのか、どうもうまいこと生い茂ってくれません。数年するうちに、クライアントのほうで、もう一種、熱帯花木アブチロンの一種ウキツリボクという、赤い可愛い花の咲く半つる性の植物を追加され、ようやくトレリスがにぎやかになってきています。

トレリスを使った空中庭園

トレリスの話が出たついでに、つる性植物とトレリスについて述べておきましょう。

つる性の植物といえば、なんとなくジメジメした感じで、それにすごいスピードで繋っていくことから、あまりいいイメージがもたれたことはなく、住宅で植えられることも以前はあまりなかったように思います。

しかし、これは逆にいえば悪環境に強く、成長も早いということです。この特性を十分に生かして、また管理をしっかりする、つまりつる性植物を手なずければ意外におもしろいものができるのです。このときに一緒に考えたいのがトレリスなのです。

つる性の植物は、絡むところがなければ地面を這って伸びていきますが、絡むところを見つけるとそれを伝って葉を繁らせます。この習性を生かしてトレリスの置き方を工夫すれば、自由に緑の壁がつくれるというわけです。トレリスとは「格子状の垣」の意味ですが、だからといって境界線上に置かなければならないというものでもありません。いくつかのトレリスを組み合わせて立体的に緑を構成することもできるでしょう。トレリスで緑を空中にもちあげれば、足下の土には別の草花を植えることもできます。

地面から垂直方向に立てるのがトレリスだとすれば、同じものを地面と平行に置いたのがパーゴラです。日本ではパーゴラといえば、藤棚など限られた用途でしか使われてきませんでしたが、水平・垂直にかかわらず格子状のものに緑を絡ませていく方法は、まだまだ多くの可能性をもっていると思います。

緑にこだわる家づくり

ここで紹介した2件の家は、郊外の緑豊かな環境下にある大きめの住宅、都市部の住宅という違いはありますが、ともに草花を愛し、積極的に庭と関わろうとする強い意志のもとに建てられています。室内の延長、あるいは内部の生活に潤いを与えるなどといった、通常の外部空間のとらえ方とは少し趣を異にしているといっていいでしょう。

しかし、郊外であろうが都市部であろうが、緑にこだわることで、庭と一体になった生活ができるという意味で、家づくりのあり方として大いに参考になる例だと思います。

家づくりでは、暮らしやすいように内部をしつらえるのは当たり前のことであり大前提です。でも、人の暮らしというものは、動きやすいとか使いやすいとか便利であるといったことだけで充たされるものではありません。理屈抜きで、もっとここにいたい、こうしていたいと思えるような、心からその場を楽しめる空間がなければ、どんなにおしゃれな家でも最新設備に囲まれた便利な家でも、やがて息苦しくなってしまうのではないでしょうか。

外部空間は人の心を大きく開放してくれます。そこにある緑は、やさしい気持ちにさせてくれます。緑のある暮らしを贅沢だと諦めるのではなく、長く暮らせる家にするために、自分たちの暮らしを楽しむために、緑に対する自分たちのスタンスをもう一度よく考えてみてはいかがでしょうか。こだわりがあれば、どんな条件でも何か解決策があるものです。

郊外の住宅地でも、ブロック塀などで囲うのではなく、低い生垣で植栽を楽しむようになってきました。住まい手も花や緑を楽しみ、積極的に人にも見せようとしているようです

どこでもつくれる秘密の花園

「地球のため」以前に楽しむこと

庭という漢字は、建物（广）に囲まれた、人のいる広場（廷）というのが成り立ちだそうです。でも日本では、たとえそこに人がいたとしても、「眺める」ためにいるような気がします。有名な枯山水などは特殊な事例だと思われるかもしれませんが、規模の大小を問わず、庭といえば庭師が木の種類はもちろん、配置や組合せ方まで決めてつくりあげ、クライアントも訪れた客もそれを眺めて楽しむという意味では住宅の庭も枯山水も同じだったと思うのです。

ところがこうした流れに大きな影響を与えるブームが最近起きています。ガーデニングです。

いつの間に、またどうしてガーデニングが流行しているのかは分かりませんが、これは今までの造園学を中心にした日本の庭や植物の考え方、伝え方に大変革をもたらしているといっても言い過ぎではないでしょう。

ガーデニングの楽しさは、毎日世話をした草花が少しずつ成長していくところにあります。手をかけただけ、植物はそれに応えてくれるのです。しかし気候条件などの違いがありますから、マニュアル通りにいつも同じことをしてい

郊外の住宅地で見かけた家の庭。雑然としているように見えますが、住まい手が手をかけているのは分かります。格式などに捕らわれず、好きなように緑を楽しむのがガーデニングのよさでしょう

ればいいわけではなく、手をかけすぎてもうまくいかない。そんな、すべてが思い通りにいかないところも、花を咲かせ実をつけたときの嬉しさを倍加させるのでしょう。多くの人が木や草花と関わりたいという積極的な意志を持ち始めているのですから、庭のあり方も旧態依然として庭師がつくったものを見ているだけ、というのは時代遅れといわれても仕方ありません。

私は、住まい手が庭に出て積極的に木や草花と関わる庭を「参加する庭」といって、見るだけの庭とは区別しています。そして、できるだけ手間を楽しめるようなしつらいを施して、多くの人に庭に出て作業することの楽しさを感じてもらえたらと思っています。

参加する庭として、私がこれから大きな可能性があると感じているものに屋上庭園があります。屋上といっても最上階だけではないので人工地盤上の庭園といったほうがいいかもしれません。要するに、地表レベルの土ではなく、人工的につくった床面の上に入れた土の部分です。

木造住宅では、土の荷重の問題などもあってあまり思い切ったことはできませんが、建物がコンクリートであればいろいろなことが可能になります。

10年ほど前からでしょうか、ヒートアイランド現象を緩和することなどを目的に屋上緑化が注目されていますが、出来上がった屋上緑化の様子を見ていると、ほとんどが「見る」ための緑であり、なかには土や植物による断熱効果の

みを目的にしているようなものも見かけます。もちろん屋根の上に土を入れ植栽を施せば、何もしないより効果があるに決まっています。でも断熱効果を期待するなら、植物に頼らなくても十分できます。

土と植物を屋根の上に載せるというのは、後々の維持管理を考えると実は大変なことです。家ができたときには見映えがいいですし、いかにも「地球にやさしい」「環境にやさしい」といわんばかりですが、メンテナンスフリーの断熱材と違って手入れが欠かせないのはいうまでもありません。

毎日とはいわなくても、頻繁に屋上に行って植物や土の手入れをするためには、何よりもそれが楽しくなければ続かないでしょう。つまり、土いじりが「家の維持管理のためにしなければならない手間」であれば、楽しくもないし続きもしないのではないか、ということです。

維持管理のためであることを忘れるくらい楽しく、積極的に関わろうとする緑。わざわざ屋上緑化をするならば、そこまで踏み込んでつくったほうがずっといいと思うのです。

あなたの知らない屋上庭園の魅力

屋上庭園が楽しい理由は、まずその環境のよさにあります。地盤面と比較して、日当たりも風通しも圧倒的に優れているのは誰でも理解できるところ。鉢

1階のルーフバルコニーに土を入れて植栽した屋上庭園の例。これだけの広さを確保できると、住宅の屋上庭園といえども立派な庭として楽しむことができます

植えの草木を屋上にもっていくと、驚くほどの早さで成長します。

屋上に植栽するとき、私はよく周囲にツツジなどの灌木（低木）を植え回します。これにより、表面の土が飛ぶのを防ぎ、同時に壁際まで人が近寄ることを防いでくれます。さらに適度に中央への風除けにもなってくれるのです。

そして灌木に囲まれた中央部分で好きな草花を育てると、花の季節には本当に花に埋め尽くされるほどの状況にすることができます。

私の家は、道路面と敷地にレベル差があって、道路レベルまで一部掘り込んでつくった駐車場が法規上地下になるため、地下レベル（道路に接している部分）、1階レベル、2階レベル、そして屋上と4層の土の部分がありますが、屋上レベルの生育の早さは別格です。

ついでにいうと、4層のうち屋上庭園になっているのは2階と屋上です。1階レベルはコートハウス

ブルーベリーやカリンなど中木類で、花も実も楽しめるものを中心に植えた我が家の２階の屋上庭園。植物に埋もれるように過ごせる憩いの場所になっています

の中庭になっていて、主木としてヒメシャラを、下草としてキリシマツツジとアジュガを配しました。ここは植栽の回りにデッキを巡らしましたから、コートハウスのアウトドアリビングとして使うため、園芸作業を楽しむよりはどちらかというと見るための植栽です。

２階は、ブルーベリー、カリン、ヤマボウシ、カロライナジャスミンなど、それほど大きくならない中木類を中心に、花も実も楽しめる植栽にしてあります。ここは手入れも多少必要で、収穫の楽しみとともに樹木のなかで過ごす庭といえます。

さらに屋上に行くと、ヒラドツツジに囲まれた「畑」になっていて、宿根草やハーブなどの草類がたくさん植えてあります。ここは花の収穫が楽しめる庭といえるでしょうか。

このように、レベルによって植える木や草の種類が変わり、さまざまな緑の楽しみ方ができるようになっています。この、場所によって育てる植物を変

最上階の屋上庭園。壁沿いの四周にはヒラドツツジを植えて中央部分を「畑」にしています。鉢ものも環境のよい屋上で育て、見ごろになったら移動させて階下で楽しみます

えることを可能にしているのが屋上庭園なのです。

地表面だけでは味わえない、こうした楽しみ方は、まだ例が少ないためにあまり広く知られていないように思われます。これからの新しい緑の楽しみ方として、絶対お薦めです。

どこでもできる屋上庭園

人工地盤上に土を入れて植物を植えるとき、建築的に気をつけなければいけないのは水と根です。当たり前ですが、水が下に漏ってはいけません。でも植栽を施すと、植物の根が防水層を傷つけて、そこから漏水することがあるので普通の屋根防水をしただけでは安心できないのです。何しろ、植物の根は岩をも通すといわれるほど強いものですから。

これに対抗するため、昔は建築家がいろいろ工夫を重ねて耐久性のある仕様を模索したものです。しかし現在では防水メーカーの責任施工で確実なものがいくつか出ており、私はもっぱらそういうものを使うことにしています。

各製品は、メーカーが研究を重ねてつくっているものだけに、根が建物本体を傷つけない工夫や防水性能も十分で、私が採用しているものは、その上さらに保水性を保ちつつ水はけをよくするといったスグレモノです。

こうした下ごしらえの上で、どうせやるなら本格的な植栽にも耐えられるように、私は最低でも20センチ程度、少し高い木を植えたい場合には40センチ以上は土を入れるようにしています。

自邸では、高木でないとはいえ木が中心の2階レベルでは約45センチ、草類中心の屋上では約20センチの土が入っています。

一つだけ、楽しい屋上庭園をつくるための注意点をあげると、それは屋上に行きやすいしつらいにする、ということ。内と外を魅力的につなぐことの延長として、頻繁に屋上に行くためには外に出ることに加えて上に昇るときの精神的なバリアをできるだけ取り除かなければなりません。たとえば、普段はしまってあるハシゴを出して、固定してから屋上に昇れるようにするより、最初から固定してあるハシゴのほうが気軽に昇ることができるでしょうし、多少急であっても階段になっているほうがハシゴより昇る気になるのではないでしょ

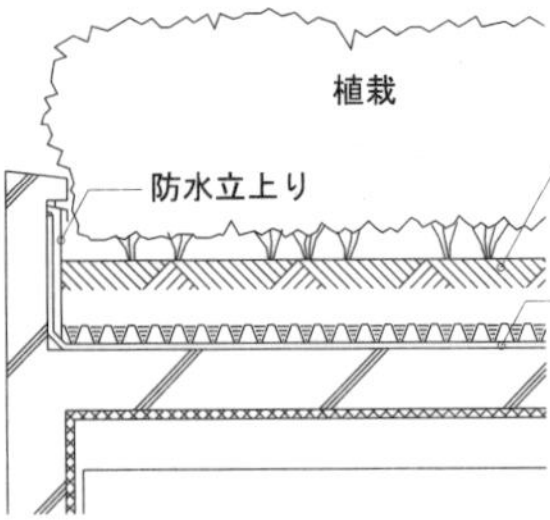

屋上庭園の断面構成。根が防水層を突き破らないような工夫が必要になります。最近は既製品でも優れた製品があるので、うまく利用すると安心して屋上庭園を楽しむことができるでしょう

うか。屋上に行くのが億劫になったり、面倒くさくなるようだと屋上通いが続かなくなるかもしれません。

こうした基本的な建築の仕様やしつらいは、どんな小さな建物でも可能です。つまり「楽しい」屋上緑化は建物の規模を問わず可能なのです。地球温暖化対策も大切なことですが、地球のために自分たちが犠牲になって屋上庭園をつくるのではなく、まず自分たちが楽しんで、その結果として地球にもやさしいとなったほうが屋上庭園もずっと市民権を得られることでしょう。

「お金がない」なら家を建てるな⁉

～建てる前に考える住まいのしつらい～

家を建てるとき、最初からだらしなく暮らしたいと思っている人はいないでしょう。でも家の内も外も、だらしなく見えないようにするのは意外に大変です。

まず自分たちの暮らしをきちんと計画すること。どんな暮らしをしたいのかを見極めて初めていらないものが見えてきます。

「お金がない」ことを言い訳に、町も周囲も家の内部さえきちんと考えることをあきらめてはいませんか？　家をつくることは、町をつくること。自分だけの「失敗」では済みません。緑も含めて、暮らしの計画の仕方について考えてみます。

暮らし方を考える

きちんとした暮らしのためのゾーニング

前章では、緑との関わりということで内外の関係の話が多かったのですが、ここではまず家の内部の話をしましょう。いわゆるゾーニングという問題を考えてみます。

家の設計でゾーニングとは、生活しやすいように動線計画を立て、空間配置をすることをいいます。たとえば、生活動線（料理をする、掃除をする、入浴する、など暮らしのなかでのさまざまな動き方）を考えて、まとまりのあるように部屋を配置する、といえば分かりやすいでしょうか。ただし、効率だけを求めるのがゾーニングではありません。大切なのは、家族一人ひとりの生活を考えることです。

家族それぞれが、みんな幸せになること。

これは家を建てるときの最大の目標だと思いますが、そのためには家族全員の行動を想定し、みんなで一緒に過ごせるところと、反対に一人でゆったりと過ごせるところの両方を考えて計画しなければなりません。

人は、ときに心安らかに一人で過ごすことで精神的な安定が得られるものですが、それは単に個室があればいいというような単純なことではないのです。家族の居場所、動き、視線の交わり、気配などなど、さまざまなことを想定し、どんな状態が心地よいのかを考え、決めていく。それを丁寧に繰り返すことが大切です。

個人住宅のなかで、「そうなっていなければ生活できない」といった絶対の

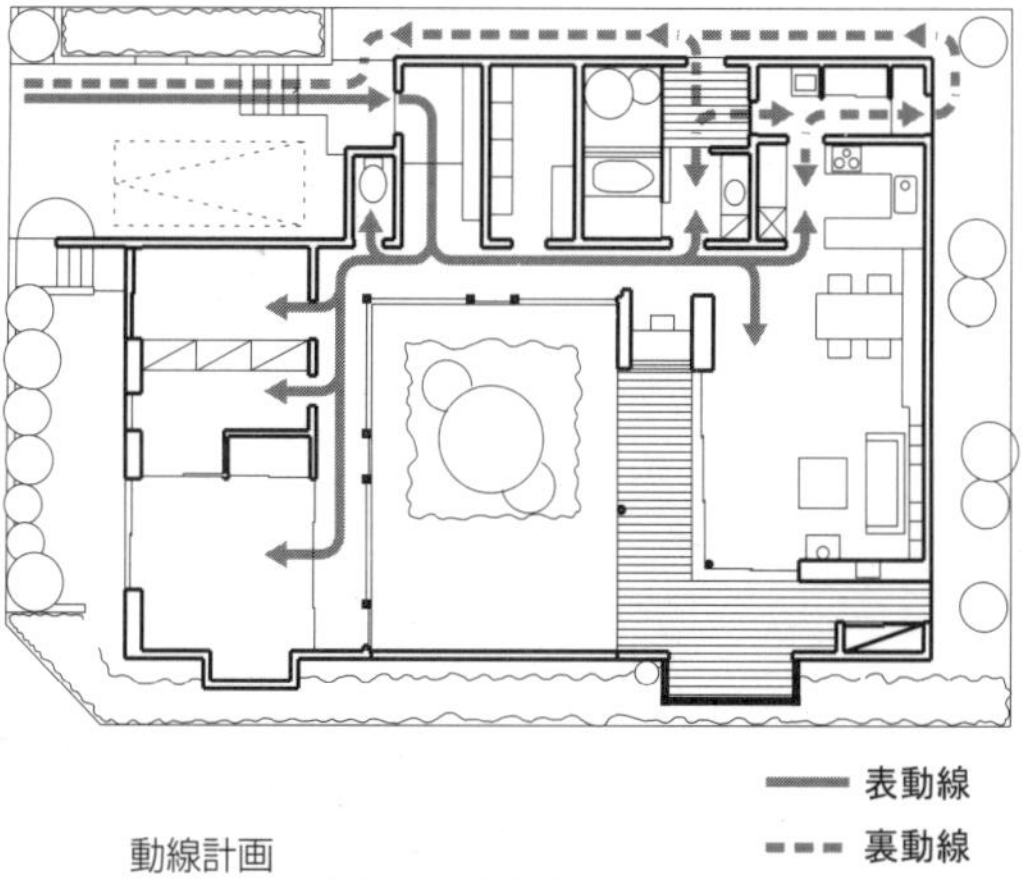

動線計画
日常の生活動線は中庭を中心にして、風景の展開を楽しむなかに配されている。
入口は1カ所だが、ゴミ捨てを主とした裏動線は、表動線とは別に計画されている。

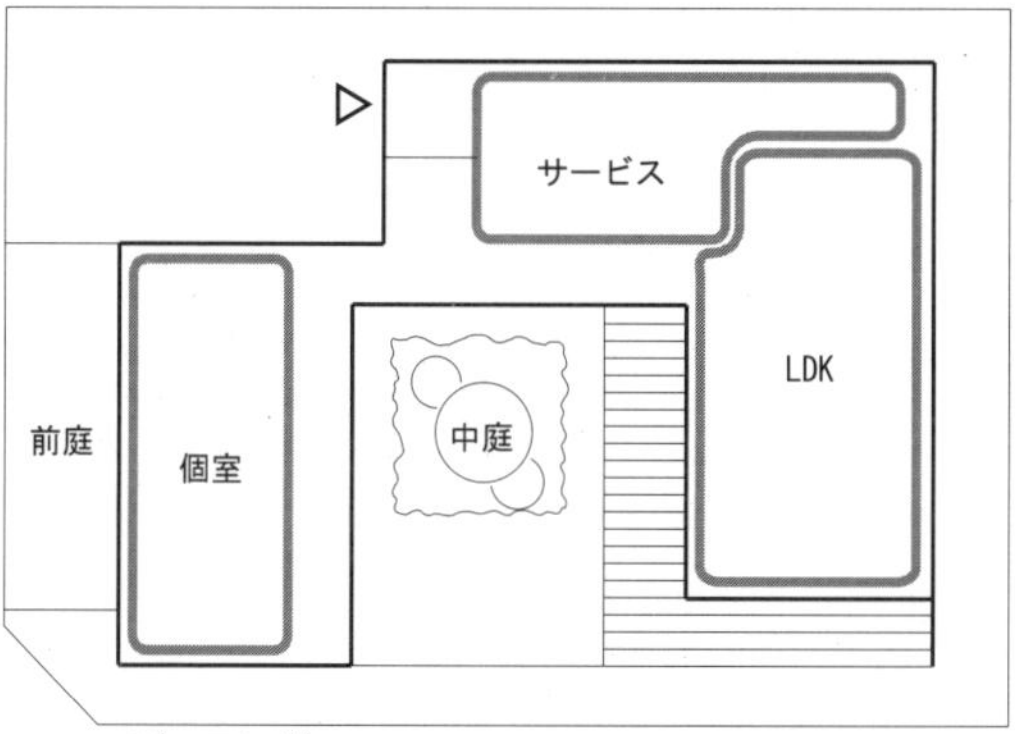

ゾーニング
中庭を中心に、その空間を楽しむ右側にＬＤＫ、道路から一段高い落ち着いた前庭と個室を左側、その間をつなぐ位置に水廻りと納戸

決まり事はそれほどたくさんありません。極端な話をすれば、調理をするキッチンが1階、食事をするダイニングスペースが2階にあったって、ご飯が食べられないわけではないでしょう。

しかしそうした、生活行為が不自然となるストレスをできるだけ少なくすることによって、家は安心して過ごせる暮らしの場となるのです。社会のなかで日々多くのストレスを受けている現代人にとって、安息の場所をつくるのが家づくりだとすれば、そのときに欠かせないことの一つがゾーニングで、暮らしのまとまりを住まいのなかで明確に秩序づけることなのです。

ですから何も特別なことではありませんが、きちんとした暮らしのためには、とても大切なことです。そして、きちんとした暮らしは何よりも暮らしやすい住まいのための第一歩です。

どんな住まいでもそれなりのしつらえを用意すれば、人は暮らしていけます。だから、望む望まないに関わらず賃貸住宅での暮らしが長い人たちは、「家に生活を合わせる」ことに何の疑問ももたないのではないでしょうか。しかし、暮らしをきちんと見直して整えない限り、家や部屋にあふれかえる「便利なモノ」は、便利さの代償としてますます室内を狭くし、動きにくくして「不便な暮らし」を強いてきます。押しつけの暮らしであればそれもいいのかもしれませんが、数十年続くローンを背負って自ら建てる家でまで、たくさんの我慢をするなら、それは安息の場とはいえません。だからこそいざ住まいづくりとなるときに、暮らしに対する自然できちんとした見方、考え方を改めてもつことがとりわけ大切になるのです。

その意味で、雑誌を賑わせている「暮らし」を度外視したような最近の住宅には疑問をもたざるをえません。

ＬＤＫ神話のオモテとウラ

ｎ＋ＬＤＫという言い方があります。

３ＬＤＫとか４ＬＤＫといえば、ほとんどの方は分かるでしょう。数字は個室の数。ＬＤＫは、リビング・ダイニング・キッチンの頭文字。つまり、リビング・ダイニング・キッチンといくつかの個室で成立している間取りのことです。

日本の伝統的な家屋は、畳敷きの和室がつながる田の字型のプランだといわれます。それが、かなり恵まれた住居スタイルであることを差し引いても、日本人が、寝ることも食べることも遊ぶこともできる畳の生活に馴染みがあることは否定できません。

戦後の貧しい時代、住宅の主な問題は床面積の確保でしたが、そのなかのキータームが食寝分離、つまり寝る部屋と食事をする部屋を分けることでした。そのために、食事の後、ちゃぶ台を片付けて雑魚寝する和室のスタイルではなく、ダイニングキッチンに置かれたテーブルと椅子で食事をするという生活が憧れとされました。ダイニングキッチンで食事をし、ソファのあるリビングでくつろぎ、夜はそれぞれの個室で眠るというのが「モダンリビング」として喧伝されたのです。

個室の数が多い方が使い道も増えますし、より豊かな暮らしができると思うのは狭い家に慣れた人たちにとって仕方のないことです。しかし時代がくだるとともに、それは単に人々の欲望をかき立てる道具とされ、「不動産物件」としての家では小さな部屋をたくさんつくってn（個室の数）を増やし、「4LDKの豪邸」などと謳うようになったのです。

現在は、マンションでも戸建ての建売住宅でも、ほとんどが「○LDK」として販売され、人々もそれにすっかり慣れてしまいました。

でも当たり前のことですが、LDKがあって、個室がたくさんあれば、豊かな暮らしができるわけではありません。住まい手となる家族のことを十分に考えて、その結果としてn＋LDKになるならまだしも、「こうしておけば誰でも住めるでしょう」と画一的につくられたものなら、結局は賃貸住宅に暮らすように、「家に合わせて暮らす」ことになってしまうのです。

ｎ＋ＬＤＫの元になったといわれる初期公団住宅の間取り。限られたスペースのなかで食寝分離を実現し、豊かな暮らしの場を提供しようとした関係者の意欲が現れています。しかし、彼らの理念はいつの間にか忘れられ、ｎ＋ＬＤＫのかたちだけが一人歩きを始めてしまいました

上の図とは別の団地のものですが時代はほぼ同じ。写真右は中層住居のダイニング・キッチンタイプ、左はテラスハウスの独立型キッチン。いずれのタイプもキッチンは南側に置かれ、従来のキッチンの暗いイメージを払拭しました

建築家たちの脱・n＋LDK

「n＋LDK」の言葉が、不動産価値を高めるための道具の色合いを濃くしていく一方で、そのスタイル自体にさまざまな疑問を呈し続けているのが建築家たちです。

建築家という職能柄、既存のステレオタイプを疑い、よりよい新しいものを提案しようとする姿勢は当たり前のことともいえます。

リビングのソファを囲んで家族団欒なんて今どきナンセンス。個室をつくって与えるから子どもが健全に育たない。夫婦の寝室が一つなのは実情にそぐわない、などなど。数々の疑問を投げかけて、n＋LDKではない多様な空間構成を提案します。

図面上に記される室名を見ても、子供室や居間などの具体的な名称を避け、「室1」とか「場1」など工夫のあとがにじみます。

そういった主張の大方は、生活する前にたとえば「居間」と名付けられてしまうと、住む人はそこでくつろぐことを強要される、だから「ここではこうしなさい」というような決めつけを建築家がするのではなく、ナチュラルな空間を提供して住まい手が自由に使うのがいい、といったものです。

彼らが数え上げる疑問にはもっともなこともありますし、その主張も一見、説得力がありそうです。

ただし、「場の使い方を強要しない、決めつけない」ということと、「そこで何をしようと自由」だといって住まい手に生活を丸投げすることは、決して同義ではないと思います。

先にも書きましたが、日本では戦後復興の過程で貧しさから豊かさへを旗印に広さを求めた住宅の変遷があります。並行して和式から洋式への生活様式の転換も進められてきました。その二つの大転換のなかで、人々は未だ理想とする住まい方、暮らし方のスタイルを確立できていない。それが日本の現状ではないでしょうか。

たとえば婚礼家具という習慣。いかに社会が豊かになったとはいえ、大多数の結婚したばかりの若い二人が住める家の広さは限られます。でもそんな現実とは無関係に、大きくて立派なタンスを嫁ぐ娘に買い与えるのが親の責務。つまり若い二人は、新しい生活を始める前から大きな家具を背負わされて、家具と壁の隙間に寝るような暮らしを余儀なくされます。そして、親が多額のお金を出して買ってくれたものですから、これが簡単には捨てられない。かくして若夫婦は、どんなところに引っ越すにも大きな家具を背負って歩くはめになり、その束縛から逃れるには長い時間と大きな決断が必要となるわけです。

こうした、あまり意味のあることとは思えない呪縛から逃れるためにも、人々が家を求めるときに、建築家は彼らの理想のスタイルを一緒に探し、確立させるお手伝いをする必要があると思います。

どんな生活がその家族にとって一番快適なのか。どんな関係を保てることが、その家族を幸せにするのか。それを丁寧に分析し、シミュレーションを繰り返し、追求するためには、家の内外における家族の生活を何度も検証しなければならないのです。

その上で、「どんな使い方をしても一向に構わない」場を提供するならともかく、ろくに検証もせずに部屋だけつくり、「自由に使いなさい」ではあまりに無責任といわざるを得ません。

生活を想定するにあたっては、それまでの生活とかけ離れたものでは意味がありません。ヘタをすると建築家の押しつけになってしまいます。住まい方、暮らし方のスタイルが確立できていないとはいっても、現状ではすでに全室畳敷きの和式の生活より、椅子とテーブルのある洋式の生活に人々はなじみがあるでしょう。それを踏まえて、これからの快適な暮らしを検証すると、n＋LDKのモダンリビングになりやすいのは、それだけモダンリビングのシステムがよくできていると同時に、人々に浸透しているからなのです。

もちろんn＋LDKが万能で、これ以上のものはないということではありません。これからの時代にあった新しい生活様式、新しい住宅も考えていく必要もあります。また、家族によってはｎ＋ＬＤＫよりも別のスタイルがあっているというケースも多々あると思います。

しかし、いずれにしても大切なのは、新しい暮らしについて十分に考えて計画を進めることです。ｎ＋ＬＤＫであるかないかが問題なのではなく、新しい暮らしを快適で気持ちのいいものにするために、考え得るすべてのことを想定し検証したかどうかこそが問題なのです。

それはお金のあるなしにはまったく関係なく、すべてのケースでいえることです。

お金がないから小さな敷地しか買えない、お金がないから住宅はローコストで、お金がないからこれで我慢、お金がないんだから建築家に全部お任せ…。そうやって、すべてをお金のせいにして、我慢を続けて暮らしていくなら、その家を建てる意味があるのかどうか、何を目指した家づくりなのか、最初から考え直すべきではないでしょうか。

暮らしを見つめたゾーニング

8頁で紹介したI邸のゾーニングを見てみましょう(次頁1階平面図参照)。

ここでは奇をてらったようなプランではなく、ごく常識的なゾーニングを行っています。コートハウスでは、中庭が中央に置かれるために生活空間が大

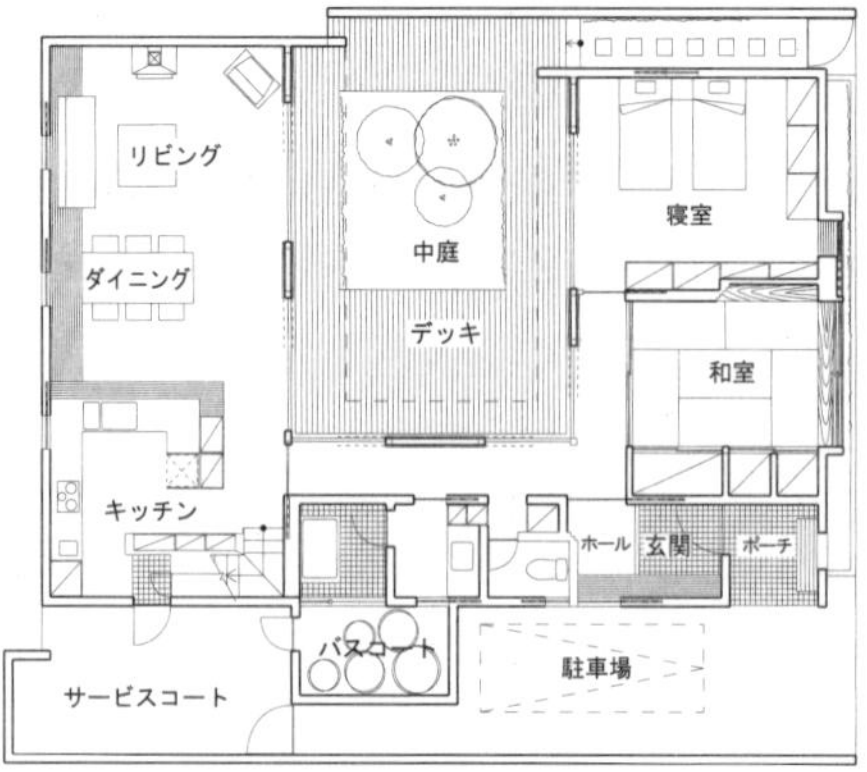

I邸のゾーニング
中庭を挟んで、プライベートな寝室・和室を右側に、パブリックな居間・キッチンなどを左側に、両者をつなぐ下側に水廻りを配している

きく分断され、それだけ各部屋の役割を明確にして考えていかなければ、住みやすいゾーニングはしにくいのです。

まず家族が食事をしたりくつろいだりするパブリックスペースと、着替えをしたり寝るためのプライベートなスペースに大きく分けられています。これを中庭を挟んで対峙させるかたちで置き、両者をつなぐ位置にトイレ・浴室などの水廻りが配されます。

客間ともなる和室は、たとえば親戚が訪ねてきたときに泊まる部屋にもなるし、休日には家族の誰かが畳で寝ころんでくつろぐことも考えられ、その性格はパブリックなのかプライベートなのか微妙のところです。しかし、いずれにしても日常的に使うスペースではないため、ここではプライベート側に置いてあります。玄関を入ってすぐのところ、というのは客間としての機能を優先しているからです。この場所であれば、いわゆるお客様にはここで対応し、気の置けない親しい友人はもっと奥のリビングに導くという使い分けも可能です。

パブリックスペースは、西側からキッチン、ダイニング、リビングの順で並んでいます。リビングにしつらえたソファが、中庭の木々を一番美しく見られる場所であり、暖炉やテレビの位置もここを中心に考えられています。つまりリビングのソファが、この家の特等席であり、ここに座ることで一番ほっとできるようになっているのです。

このように人の行為や動作を想定することで、場所の心地よさにメリハリをつけることもゾーニングの大切なポイントです。

大きな窓は、たくさんの光を室内にもたらしてくれますが、同時に暑さや寒さも運んできます。大開口を計画するときには、それらへの配慮も忘れずに

暑さ寒さを考える

健康をベースに

家を建てるとき、室内気候を考えることはとても大切です。

徒然草で「夏をもって旨とすべし」といわれたように、古くから日本では蒸し暑い夏を快適に暮らすための家づくりがよいとされてきました。でも「夏を旨」とした日本の住宅はとても寒いものです。暖房も火鉢程度だったことを考えると、昔の人は寒さに強かったのかもしれません。

戦後、広さの追求やモダンリビング化などが進む一方で、室内気候自体はそれほど注目されることなく、寒さ対策は石油ストーブ、ガスファンヒーター、エアコンなど個別の暖房器機にゆだねられました。家の暖かさが建築の問題として注目されるようになったのは、本当につい最近のことなのです。

スタイリッシュに見える内外コンクリート打放しの家の、足下からはい上がってくるような厳しい寒さをご存じでしょうか。コンクリート打放しは冬寒く、夏も、日中にコンクリートが蓄えた熱が夜も室内に放射され続け、とても暑く不快なものです。打放しにしたいのであれば、内外どちらか一方でしっかりした断熱対策を行うなど、何らかの備えが必要でしょう。

また、大きなガラス窓はとても開放的で気持ちのいいものですが、庇《ひさし》がなければ夏の直射は耐え難く、冬の夜の冷え込みははなはだ辛いものとなり、十分な出の庇で日差しを遮りカーテンや障子で保温することが欠かせません。

室内気候が十分に配慮されなかった時代、空間性を第一に考える建築家にかかると、それこそ「外にいたほうがマシ」といわれるような家もつくられました。実際、数十年前にある建築家に家を設計してもらった人で「冬になると、毎年お金を捨てているみたい」と嘆く方もいらっしゃいます。室内で過ごすためには多くの暖房が不可欠で、そのコストが莫大になるということです。最近では一般の人たちも熱環境の知識が広まり、さすがにあまりに過酷なものは少なくなっていると思いますが、それでも雑誌などを見ていると、住む人が気の毒になる家があります。

「温室育ち」とは苦労知らずのひ弱な人の意ですが、厳しすぎる寒さは身体には決してよくありません。現代人はすでに障子1枚に囲まれて火鉢で暖をとる生活を忘れ、ストーブなどを過剰なほどに使用する生活に慣れてしまっています。まして、これから益々高齢の方が増えることを考えれば、過ごしやすい室内環境を保つことは家の絶対条件でもあるでしょう。

冬に寒すぎないこと。夏に暑すぎないこと。そのために、冬にはできるだけ日光を採り入れ、夏はそれを遮ること。「観測史上初」といわれるような特別な酷寒酷暑にまで備える必要はありませんが、「空間性」をよくするためとか、庇がないほうがカッコイイとかの視点よりも、家族の健康を保つために必要な配慮を忘れないようにしたいものです。

暖かすぎる家の落とし穴

室内気候の重要性を説きながら反対のことをいうようですが、最近のスペック至上主義的な傾向についても言及しておきます。

スペックとは仕様書の意味で、要するに数値に表せるような性能やその性能を引き上げるための仕様といったことです。端的にいえば、高気密高断熱や外断熱仕様への盲信を懸念しているのです。

室内気候についてしっかりと設計段階で考えて、確実に工事を行えば、現在のさまざまな製品や技術なら、どんな仕様であっても一定の室内環境は得られます。冬でもTシャツで過ごしたいとか、夏もセーターを着ていたいというなら別ですが、室内温度にばかり過敏になるのは、家の本質を忘れてしまうことにもつながるでしょう。寒すぎない、あるいは暑すぎない家であることは、条件ではあっても目標ではないのです。

どんなものでも質に段階があるように、寒すぎない（暑すぎない）といったとき、どの程度を想定するのかが問題です。一つのことだけ追求すれば、性能

我が家の中庭に向かう大きな開口部。開口部が大きければ暖房効率が悪くなり、決して熱環境的に有利とはいえませんが、それよりも中庭の緑と一体化した生活を選んだのです

を極限まで高めることは比較的容易にできます。断熱や気密にしても同様で、室内気候の問題さえ解決すれば「気持ちのいい快適な家」だという論理には疑問をもたざるを得ません。

家の性能を上げる研究は、断熱や気密に限らずいろいろな建材や製品で活発に行われています。

そうした研究や技術論に意味がないとはいえません。でも、それらは暮らしの一部を援助するものであるはずです。家は、暮らし全体を対象にして快適さを追求すべきものです。

前述したように、室内気候についての研究はまだまだ歴史が浅く、経験としての蓄積がありません。研究者たちですら問題点を洗い出し、大切なことは何かに着目している段階といってもいいでしょう。一部の突出した論に惑わされることなく、自分たちが求める室内気候や熱環境とはどんなものかを冷静に考えてみる必要があると思います。冬に暖かい家をつくることは家の大切なポイントの一つであってもそれは総てではなく、大切なのは、自分たちのライフスタイルにあった家づくりをすることです。

ちなみに私の自宅は、コートハウス形式で中庭に面した大きな窓があり、熱環境的には決して有利なものではありません。でも、中庭の緑がより身近に感じられる生活がしたかったために、あえてそのような計画にしました。その分、外壁の断熱をしっかりと行い、床下には蓄熱層となるコンクリートを打ち、その結果、冬場のピーク時で暖房費は月2万円前後になっています。2万円という金額が高いか安いかは人によって感じ方も異なるでしょうが、私は小さな窓にして暖房費を1万円にするよりも、2万円払っても中庭を存分に楽しむ生活が快適だと思うのです。

自分たちの目指す生活と家の性能のバランスをどうとるのか。

家族の数だけ答えがあるはずです。

過ごしやすい家のかたち

「クーラーが嫌いなんです」と、設計を依頼に来られる方のほとんどがおっしゃいます。できればあまり使いたくない、と。窓を閉め切ってクーラーで室

深い軒は、暑い夏場の日射を遮り、太陽高度の低い冬場には邪魔することなく部屋の奥まで日光を導きます。雨の日でも窓を開けることができ、まさに先人の知恵といえます

温を下げるのではなく、ほどよい風が抜けるさわやかな家がご希望です。

暑さに対しても寒さに対しても、できるだけ機械設備に頼らない暮らしは、多くの人の希望でしょう。経済的なこと、地球環境や省エネのことを考えても、それは当然のことだといえます。

室内気候について、家族の数だけ答えがあると前述しましたが、暑い寒い＝冷暖房設備の話と考えないことが重要です。まず、自分たちの住まい方といわば家のあり方を見直すこと、つまり、冬の過ごし方、夏の過ごし方、そして春や秋、暑くも寒くない時期の過ごし方、それぞれを考えて、風の通し方や光の入れ方、遮り方を計画するのです。

家を建てるとき、明るいというのは、今や条件というより常識のようになっていて、雑誌を見ても白で統一された、窓が大きく明るい室内の写真がたくさん出ています。

窓が大きければ光がたくさん採り込めて、室内は確かに明るくなります。でも、ただ大きくするだけでは、夏場に灼熱地獄のようになる可能性もあります。日光を採り入れるのであれば、採り入れたいときと採り入れたくないときをシミュレーションして、採り入れたくないときには日光が差し込まない工夫が必要になります。

また、オフィスビルのように壁面に穴を空けたような窓、つまり庇のない、あっても十分とはいえない窓は、雨の日には開けることができません。梅雨時など雨の多い日本では、雨の日でも窓を開けておきたいことは多く、これもお薦めできません。

最近はローコスト住宅なるものが大流行で、コスト削減のイロハとして建物の形状を単純化することがあげられます。確かに総2階建てにしてでっぱりや引っ込みを少なくすれば工事手間が減り、その分コストが抑えられるのは事実です。

しかし一方で、熱環境的にはこれはあまり有利とはいえません。単純な形状というのは、いわば道に落ちている石と同じで「塊」に近いものです。そこでは熱や風が蓄えられたり、逃がしたりといった、その場所独自の熱環境がつくられないのです。

そうなると、日差しや風の影響をもろに受けることになり、室内環境を保とうとすれば強制的に暖房冷房を入れるしかありません。つまり熱環境のことを考えれば、平面的にも断面的にも、ポーラス（多孔質）な、つまり少し凹凸があるような形状が望ましいということになります。

　ポーラスなどというと難しい話になりそうですが、たとえば外壁がたくさんある家のほうは窓をたくさんつけやすいといえば分かりやすいでしょうか。部屋の一面だけに窓があるより、南北方向など2面に窓があったほうが風は抜けやすいということです。立体的にも同じことがいえますし、これに南側にはしっかり庇をつけるといった原則を守れば、多少日が当たっても風が抜けてずいぶんと過ごしやすい環境がつくれるはずです。

　たとえば9頁のI邸では、コートハウスの平面形状自体が、決して単純形態ではありませんし、中庭に向かっては深い庇を出して断面的にも凹凸をつくり出しています。中庭側の開口部は3面とも大きなガラスが入っていますが、夏の暑い日差しは庇が遮るように深さが調節され、雨の日でもテラスに出ることができるのです。

しつらいを考える

「しつらい」とは生活の飾り付け

18頁で紹介したMさんたちは、内と外をつなぐ庭がほしいこと、そして全体にナチュラルな暮らしがしたいので、そのためのしつらいをしてほしいと希望されました。では「しつらい」とはなんでしょうか。

「しつらい」を建築の辞書で調べると、漢字では「室礼」など数種類を宛てています。意味は、平安時代から慣例になった、貴族の住宅で儀式の日に障子などの調度を飾り立てること、そこから飾り付けをすることの意、とされています。ですから、住宅設計におけるしつらいは、生活の飾り付けとでもいえばいいでしょうか。

住宅は生活の場です。ホテルや人が集う施設など一時的に滞在するところとは違って、長い時間を過ごすことになります。そこでは目がくらむほど景色がいいとか、まぶしいくらい明るいといった一瞬のインパクトではなく、長い時間いても心地よい、ゆったりとした「飾り付け」が求められるのだと思います。

たとえばM邸でいえば、生活の中心となるＬＤＫ。Mさんたちとの話し合いのなかで、普通のソファではなくごろりと横になれるような場所を、というこ

M邸リビング。大きなテーブルを中心に、ごろっと横になれるベッドのようなソファ（写真下左側）やベンチシート状の腰掛（テーブルの奥）をしつらえています

とが出てきましたので、造り付けでベッドのような長いソファをつくりました。

また、お子さんの友だちやそのお母さんたちがよく遊びに来ることも聞いていましたから、テーブルの脇には収納も兼ねたベンチシート状の腰掛けを用意しています。そして、その一部はお嬢さんのランドセルや小物をしまえる「子供コーナー」。後述しますが、M邸では子供部屋がないため、お嬢さんの場所としてリビングにこの「子供コーナー」を用意しています。

小学校に入ったばかりくらいの小さなお子さん、それも一人であれば、学校から帰ってきて子供部屋で勉強するというのは、あまり現実的ではないのではないでしょうか。そのことのいい悪いを問題にしているのではなく、お母さんの近くで今日の学校の様子をおしゃべりしたり、宿題をしたりするのではないか、というのがMさんたちと話し合った結果だったのです。

そして、そうした生活の中心に大きな大きなテーブルがあります。箱の上に天板を載せたシンプルなテーブルですが、子供たちが乗ったり、体重をかけたりしても危険がないように、脚の部分にあたる箱のなかには重しを入れて安定させ、テーブルが倒れたり傾いたりしないようになっています。

箱の下部にはキャスターがついていて、重いテーブルですが移動は楽々。そのままデッキまで移動させてアウトドアリビングのテーブルとしても活躍します。

室内と外部をつなぐ大きめの窓はピクチャー・ウインドウといって、窓枠が額、そこから見える風景が絵のように美しく、また楽しいものになるような配慮もあります。ピクチャー・ウインドウを考える場合には、漫然と外の風景を切り取るのではなく、どこから見ると一番きれいに見えるのかをよく検討し、室内の特等席を考えなければなりません。逆にいうと、室内の特等席からもっともいい風景が見えるように、窓の位置や大きさを決めるということです。

M邸の中心となるLDKの主なしつらいをあげてきましたが、「生活の飾り付け」の意味がお分かりいただけたでしょうか。何かモノを取り付けて飾り立てるのではなく、その家族の生活が心地よくなるように、いろんな配慮をする。それが設計でいうところの「しつらい」なのです。

道路面からの後退を利用して植栽を施した五十嵐邸。主木はシャラ、下草にはキリシマツツジを選んでいます。ちょっとした緑が家にも町にも潤いを与えてくれます

外部のしつらい

57頁で紹介した五十嵐邸は多くの法的な制約を受けて全体のボリュームやかたちが決まりましたが、それを制約としてマイナスのものとのみ考えるのではなく、積極的に利用している部分もあります。それが家の外部のしつらいです。

たとえば道路側の部分は、道路から一定距離の後退を余儀なくされますが、その部分を玄関ポーチとして植栽を施しました。主木はシャラ、下草はキリシマツツジです。

シャラは、ヒメシャラあるいはナツツバキとも呼ばれる落葉高木で、6〜7月に白い花をつけます。葉の大きさ、枝の太さなどが大きすぎず小さすぎず、シンボルツリーとして家に彩りを与えてくれます。このシャラの緑は、道行く人向けだけではなく、階段室からの風景にも大

ガレージの脇の壁を利用してメーターボックスを箱のなかに収めた例。メーター類など、家の外に出てくるものにどれくらい配慮するかも、建築家の腕のミセドコロです

きな役割を果たしています。私は、家のなかを動き回るときにも、無味乾燥なハコのなかを移動するのではなくて、いろんな変化のある景色が見えたほうが楽しいと思っています。五十嵐邸では、階段の途中にシャラが見える小さな窓を、さらにリビングレベルには大きめの窓を配して、この緑が視界に入ってくるようにしつらえています。

また、2階キッチンに面して小さなサービスバルコニーをつくりました。これは日常のゴミの仮置き場などが主な用途ですが、1階部分の庇も兼ねています。五十嵐家では生協活動にも参加していて、定期的に配達されてくるため玄関脇に雨のかからないちょっとした荷物置き場が必要だったのです。

玄関廻りでは、このほかにメーターボックスも邪魔にならないよう目隠しを施しました。電気やガスのメーター類は、定期的に検針を受けますから見えにくいように隠すことはできませんが、かといってそれが無造作に露出していたのでは興ざめです。豪邸と呼べそうな大きな家でも、横に回ったときにメーターがにょきっと立っていたりすると、なんだかがっかりします。

メーターに限らずポストやインターホンなど外部に露出しがちなものも、あらかじめ計画のなかに取り込んで、きっちりとデザインを考えることで外部の見え方、表情はずいぶんすっきりするのではないでしょうか。条件の厳しい都市住宅でこそ、こうした外部のしつらいに気を配る必要があるでしょう。

暮らしの場を考える

都市生活か、郊外の環境か

家自体をどこに建てるかという問題について考えてみましょう。

18頁で紹介したMさんは、都心の職場に通いながらも、郊外に土地を購入し、家を建てることを選びました。一方で、10坪程度の敷地を都心で買い、建築家に家を考えてもらう例も最近の雑誌ではよく見かけます。どちらがよいと思うでしょうか。

私の師匠にあたる建築家・東孝光は、その昔、青山のわずか6坪の土地に自邸を建てました。それは塔状住居とか塔の家などと呼ばれ、多くの人たちに衝撃を与えました。「都市に住む」ことの意味を改めて世に問いかける作品となったのです。一般的に考えられている「家」で得られるものを犠牲にしてでも、自分たちは都市に住むことにこだわるという姿勢を明快に示したといえるでしょう。

都市には人が集まっています。人が集まれば利便性も高くなります。サービス業全盛の現代社会では、生活の利便性を高める流れは止まることを知りません。思ったこと、欲しいものが短時間で実現・入手できるように、いろいろな

郊外を選んだMさんの家の敷地は60坪弱。都市部での利便性よりも、ゆったりとした敷地と周囲の良好な環境を選んだといえるでしょう

ものが準備され、一度その恩恵に浴してしまうとその味を忘れることは難しいかもしれません。だから都市に生きる人は、どんどんせっかちになっていきます。

一方、都心から離れた郊外は、都心ほど手取り足取り生活をサポートしてくれるシステムが整っていない反面、畑や田んぼ、そして海や川などの自然が残っています。豊かな環境のもとで子供を育てたいと思うのは、親であれば多くの人が考えることではないでしょうか。

M邸の周辺も自然豊かな環境でした。畑もあれば、散策が楽しい山もすぐ近くです。山ふところに抱かれた、という表現がぴったりの落ち着いた空気が流れています。Mさんは、都市に住む利便性よりもそんな環境を明確な意志で選んだのです。そのために、片道2時間の通勤もウィークデーの家族とのすれ違いも厭わない覚悟をしたということです。その分、休日には家族と過ごす時間を思い切り楽しみ、自然を存分に味わえるしつらいを望まれたのでしょう。

都市と郊外、どちらが優れているかを議論しても意味がありませんし、どちらに住みたいかは人それぞれです。ただ、一つ確かなのは、いずれを選ぶにせよ、Mさんのように、そこに住む意志を明確にもったほうがいい、ということです。

都市に住めば便利な生活、短い通勤時間などで得られる充足感の変わりに失うもの（得られないもの）もたくさんあります。それは郊外に暮らしても同じです。

隣の芝生は青く見えるものですが、失うもの、得られないものを羨ましがって後ろ向きに生活するのではなく、自分がこちらを選んだのだという気持ちを大切にするべきだと思うのです。

特に都市部の小さな敷地に小さな家を建てようとする場合、家の内と外の関係はとてもシビアになります。よほどロケーションに恵まれた条件でない限り、建物は箱状にならざるを得ず、動線計画やゾーニングも大きな制約を受けます。面積を確保するためには3階建て、4階建てになって、高齢化への不安もあるでしょう。心地よく安心して暮らせる住まいの実現は、かなり難しいのが現実です。

都市に住まうことを選択するなら、一戸建てだけではなくマンションという選択肢もあるはずです。まず、自分はなぜ都市に住むことを選ぶのか、さらになぜマンションではなく一戸建ての住まいを選ぶのか。お金がないから、なんとなく慣れているから、というような消極的な理由ではなく、自分たちの意志として、暮らしの場を求めることが大切なのではないでしょうか。

和室の快適性と必要性

和室というと、どんなイメージをもたれるでしょう。

たった100年前、ほとんどの日本の家は和室を中心に構成されていたはずです。それが戦後の洋風化、食寝分離の推進などによってどんどん減っていき、今ではまったく和室のない家を見ても誰も驚かなくなっています。

しかしそれでも、多くの建売住宅やマンションには和室が備え付けられています。注文住宅の場合にはクライアントが「和室はいらない」といえばそれまでですが、不特定多数を相手にする建売住宅やマンションから和室が一掃されないのは、やはりまだ和室に対する根強い需要があるからでしょう。

では和室の魅力とはなんでしょうか。

まず、懐かしいとかなじみがあるといった情緒的な理由のほかに、融通無碍《ゆうづうむげ》に使える利便性があげられます。一般的に「和室」に対応する言葉は「洋室」があるだけで、つまり和室でない部屋はすべて洋室ということになってしまうの

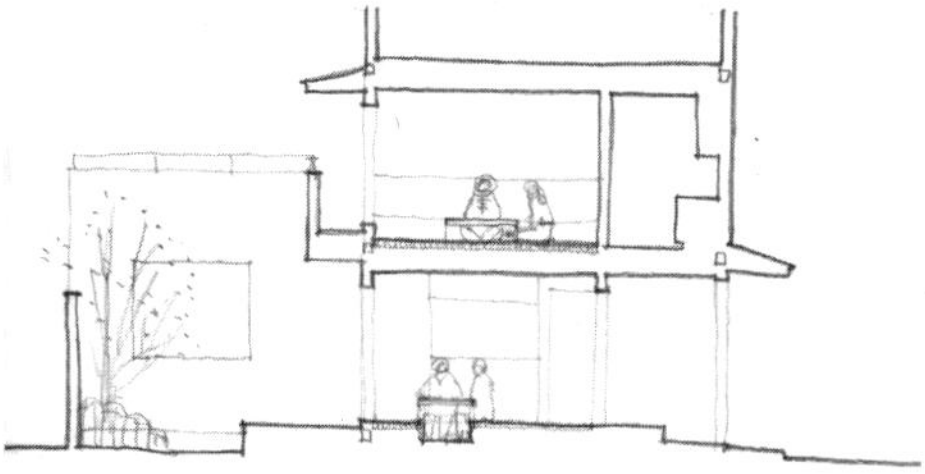

1、2階とも畳敷きの床座の生活も、天井が高く感じられてとても気持ちのいいものです

ですが、洋室は、たとえばリビングであったり寝室であったり子供部屋であったり、と使い方がはっきりしている部屋が多いのです。さらにイスが置かれていれば、そこに座ることが前提になりますし、座れば一定の方向を向くことを強要されます。

それに比べて和室は、床に座っても寝ころんでも自由。どの方向を向くのも自由。テーブルとイスでは、イスの数しか人はテーブルを囲めませんが、和室であれば5人でも10人でも車座になって話をすることができます。

当たり前のことのようですが、これが床座（床に座ること）のメリットなのです。

この前提には、和室にはものが置いていない、つまりガランとした空間であるということがあります。ガランとした広い部屋の床に座れば、天井も高く感じられ気持ちよい、ということなのです（ですから和室をつくるときは、いつも広い状態を保てるよう、収納計画がとても大切）。

しかし、ガランとしていて特に目的をもたないことは和室の魅力であると同時に、必要性に疑問をもたれる大きな原因でもあるでしょう。予算も広さもキツキツの状態でやりくりしている設計段階で、和室はあまり意味のない無駄なスペースと考えられがちです。そのため、クライアントの要望を積み重ねていくタイプの家＝建築家が関わる家や注文住宅では、和室がなくなっていくのだと思います。

和室を希望される方の多くは、和室のことを「予備室」と考えられているようです。たまの宿泊客（ご両親や友人）にも布団さえあれば対応できますし、大勢の客が来たときの宴会場にもなります。いざというときのための予備室＝和室がほしい、というわけです。

ただ、和室をこうした予備室として考えていると、お客さんが泊まっても気兼ねがないようになどの配慮が必要になることから、玄関近くや離れ的な配置になってしまいます。すると、確かに「いざ」というときには便利ですが、日常的にはほとんど使われない部屋になるのです。これでは「本当に必要？」と設計段階で疑問をもたれても仕方ないかも知れません。

そこで意外に忘れられている和室の用途を考えましょう。

ガランとした広い部屋で床に座るというのは、実は一部屋分の作業台があるのと同じです。床一面が作業台の役目を果たしてくれます。広い作業台で便利なのは、いちいち片付けなくても差し支えがないこと。そう考えると、雑多な作業が中心の家事にうってつけの部屋だというのが分かります。たとえば料理をつくっている最中に雨が降ってきて急に洗濯物を取り込むとき、悠長に洗濯物をたたんでいる時間はありません。「とりあえず」取り込むだけ。あるいはアイロンをかけているときに子供が帰ってきて、「とりあえず」作業中のもの

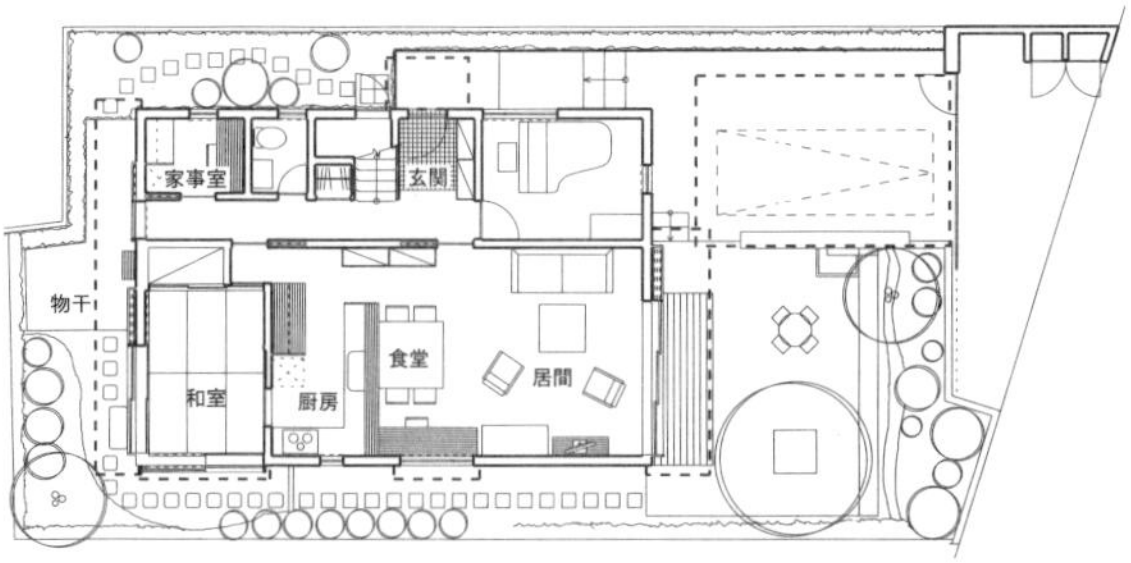

厨房裏に和室を配した例。予備室としても広い家事室としても使用できるでしょう

はそのままに子供を迎える。そんな「とりあえず」の場所として、和室ほど便利なところはないのです。子供が少し熱っぽい。寝かせておいてもときどき様子を見ていたい。個室の子供部屋に寝かせていたのでは、ちょくちょく覗くのも大変です。キッチンやリビングに近い和室があれば、子供も親の気配を感じながら横になっていることができるでしょう。

実際の生活をするなかでは、すべてのことをきちんきちんと計算通りに進めていくことはできません。そんな前提でつくられた家は、息苦しいのではないでしょうか。ルーズな生活がいいというのではなく、ある程度の幅を生活にもたせるのに、家事室となる和室はとてもありがたい部屋なのです。

床材としてのタタミ

和室の効用を述べてきましたが、一口に和室といってもつくり方はすべて同じではありません。

伝統や格式に則った「純」和風の和室もあれば、畳と障子があるから洋室ではない、程度の和室もあります。純和風の和室を希望されるのは、そこを正式な客間にしたいケースが多いようです。どのような和室にするにしろ、共通するのは床に畳が敷いてあること。その畳について考えてみましょう。

畳の歴史は古く、平安時代、奈良時代までさかのぼることができるそうです。

つくるのに手間がかかるものですから、当初は部屋一面に敷き詰めるのではなく板敷きの間《ま》に部分的に敷かれていました。身分の高い人の座る場所として、あるいはベッド的にも使われていたのでしょう。古くから畳が座り心地のいい、寝心地のよい敷物と認識されてきたことを物語っていると思います。

同じ畳に見えても中身の畳床《たたみどこ》は天然の稲わらを使うものが減り、インシュレーションボードや発泡ポリスチレンフォームといった加工品を使うものが増えています。しかし畳表にい草を使うのは変わりないようです。畳床はともかく、い草のさわやかさや触感は気持ちのいいものです。素足で歩いて気持ちいいのは、なんといってもこのい草の力によるところが大きいでしょう。

表面材のい草だけでなく、畳床の存在によって適度に柔らかいのもいいですし、厚さがある分だけ断熱性に優れている点も魅力です。吸湿性、放湿性、断熱性、吸音性、遮音性など機能面でも畳は大変優れた床材と考えることができます。

以前設計した、上階に子世帯が入る計画の木造の2世帯住宅では、2階床をすべて畳敷きにしたことがありました。主に下階への遮音を意図したものだったのですが、2階はひろびろとした床座の空間となり、子世帯の家族にとても喜ばれたのを覚えています。

和室という言葉に縛られず、優れた床材として畳を選ぶこともいろいろな場面であっていいのではないでしょうか。

子供部屋は必要か？

18頁で紹介したM邸には、子供部屋がありません。家を建てるときに一人娘の部屋も用意しないなんて、あるいは小さいうちはいいけど大きくなったらどうするの、と考える方は多いかも知れません。でもこれは、Mさんご家族と出した結論だったのです。その過程をお話ししましょう。

当初、Mさんたちの漠然とした希望にしたがって作成したプランでは、2階に子供部屋もありましたし納戸もありました。

ところが、これだと見積りが合わなかったのです。予算をかなりオーバー。設計仕様などで減額できる幅は限度がありますから、Mさんご家族のほうでも、もう一度、自分たちが望んでいる暮らしはどんなものか、考えてほしいとお願いしたのです。

その過程で、Mさんたちは自分たちの暮らし、生活をじっくりと見直してみたのでしょう。そして出てきた結論が「私たちには、子供部屋や納戸といったはっきりと目的をもった個室は必要ありません」というものだったのです。

「将来、子供が大きくなったり収納のスペースが必要になったとき、簡単な

M邸2階の日当たりのよい大きな部屋。子供部屋や納戸をやめて広い一室空間ができあがりました。将来、簡単な間仕切りで子供スペースなどを分けることもできるでしょう

間仕切りでスペースがつくれるような、広い部屋を一つ、2階につくってもらえませんか」というご希望から、2階の、日当たりのよい広くてゆったりとした部屋ができあがりました。

子供部屋の必要性、あるいはあり方については、ずいぶん以前からよく話題になります。私も昔は、ある雑誌の依頼で、子供部屋のセットまでつくっていろいろな人と議論したものです。

でも勘違いしてはいけないのは、理想的な子供部屋をつくることと、子供がまっとうに育ち、家族が仲良く暮らせる、つまり親が考える「よい子」になることは別だということです。

私は、クライアントの家族に子供がいる場合、多くのケースで個室をつくってきました。子供部屋のご希望があったからです。子供部屋だからといって、可愛らしい壁紙にするなど特別なことはせず、大人になっても使える質をもつきちんとした個室です。ただし、鍵はつけないことが原則。

気をつけていることは子供部屋のあり方よりも、むしろその周囲のスペースについてです。たとえば子供部屋の前に、少し広めのホールを用意して、ピアノやパソコンなど家族が共有するものを置いて一緒に過ごせるスペースをつくる、といったことです。

子供が部屋に閉じこもらないように策を弄するのではなく、出てきたくなる

ような工夫をするということでしょうか。子供がいなくても、家のあちこちに人が集える場が用意されているのは楽しいものです。

ただ、こうしたことは家族関係のなかではあくまでも補足的なしつらいであって、その本質に影響を与えるようなものではありません。

大切なのは、自分たちはどのように暮らしていきたいのかを住まい手自身がよく考えて方針を定めることです。そのなかには、当然親子がどのような関わり合い方をするのかも含まれているでしょう。今だけではなく、子供が少しずつ大きくなる先のことも考える必要があります。

そうして出てきた暮らし方の希望に対して、建築家はそれにふさわしい場を提供するべく試行錯誤を繰り返すのです。建築家からの提案は、クライアント側の希望を聞き取って考えられた提案であり、すべての問題を解決する魔法の処方箋ではありません。

M邸では、ウィークデー、朝早く出かけて夜遅く帰ってくるお父さんに対して、お嬢さんとお母さんは二人で過ごす時間が長くなります。まだ幼いお嬢さんですから、精神的にも身体的にもお母さんと寄り添って暮らすようになるでしょう。

やがて大きくなっても、そうやって仲良く暮らしてきた母娘ならば、改めて個室を用意するまでもなく、少し距離を置くことのできるスペースがつくれれば十分やっていける。それがM家の出した答えなのです。

つまり「子供部屋は必要か」ではなく、「うちに子供部屋は必要か」と考えることが大切だということです。子供部屋のあり方も、家のあり方と同様、家族によって一つひとつ違って当たり前なのです。家づくりを契機に、自分たちの暮らし方、子供と親の関わり方について家族で考えることは、いい家を建てるということに止まらず、家族にとってとても意味のあることだと思います。

玄関廻りのしつらいとは

昔の家には勝手口というものがありました。お勝手は台所の意味ですから、台所に直結した出入口の意味で、ご用聞きや集金などに利用されたほか、ゴミ出しなどいわゆる家の裏動線を支える重要な出入口でした。

しかし、家がどんどん小さくなっていった頃からでしょうか、勝手口のない家が増えています。勝手口がなければ、出入りは玄関に集中します。つまり現代では玄関が内と外をつなぐ唯一の扉になりつつあるわけです。

ちなみに玄関がなければ家ではないか、というとそんなことはありません。玄関という型式に捕らわれずに縁側のようなところから出入りする家だってないわけではないのです。住む人のライフスタイルや近隣との関係で、そういう選択肢もあり得ます。

ただほとんどの人は、外から内部に入る扉として玄関をほしがります。玄関とは、型式だけではない、公の場からプライベートな家に入るという気持ちを切り替える場所でもあるといえますし、多くの人が無意識にそうした「気分の転換点」を求めているのでしょう。

ですから、まず扉の外側の話をすると、どんなに狭くても道路から一歩で玄関にたどりつくような構成は避けたいものです。一歩で扉に着いてしまっては気持ちを切り替える暇もありません。門のあるなしに関わらず、また敷地が狭いからしょうがないと諦めるのではなく、わずかでも扉と道路からのアプローチの位置をずらして何歩か歩かせるなどの工夫を考えるべきでしょう。その何歩かを歩くなかで、人は町から家に入る心の準備ができるのです。

また玄関が住まい手にとって外と内をつなぐ転換点だということは、外から見ても町とプライベートな各家をつなぐ結節点といえます。現代では、昔ほど玄関に格式を求めることは少なくなり、単なる靴脱ぎ場のように考えられがちですが、せめて町に顔を向けている扉の外の部分はケチらずに、きちんとした家の顔を整えるべきだと思います。

さらに玄関廻りのしつらいを考えると、実はここはいろんなことをする場所であることが分かります。外からなかへ入るとき、雨が降っていれば傘をたたみます。鍵を取り出して錠を開けます。ものを両手でもっていれば、ちょっと

２階のバルコニーを玄関の庇としても利用した例。玄関廻りに、雨のかからない場所を広くとると、さまざまな動きがスムーズになり、モノの置き場所としても便利です

立てかけたり置いたりします。扉を開けてなかに入れば傘を傘立てにしまい、靴を脱ぎ、雨がひどければ軽くタオルで拭くかもしれません。玄関は、扉の内も外も、結構忙しく身体を動かしているところなのです。

ですから、極端な話、たとえば玄関扉の前に庇がなければ傘を差したまま鍵を開けることになってしまいます。オフィシャルからプライベートへ心の準備をする玄関前で、慌ただしくしていたのでは気持ちの切り替えどころではありません。これは扉の内側も同じこと。ちょっと荷物が置けるところ、傘をかけたり立てかけたりできるように、など、玄関廻りでの動きを思い出して、気配りのあるしつらいをしたいものです。

憧れのシステムキッチン

今ではキッチン＝システムキッチンと考えている人もいるようですが、システムキッチンなるものが日本の一般家庭にまで広まったのは80年代。驚くほど浅い歴史しかありません。それがいつの頃からか「憧れの」システムキッチンなどといわれるようになり、ローコスト、ローコストと家全体のコストをひたすら抑えたいと訴えながら、システムキッチンだけは数百万もするものが「譲れない条件」として提示されるようになりました。あたかもユニクロやしまむらで着るものを揃えて、バックだけはヴィトンやエルメスをもちたい、といっているがごとくです。一点豪華主義が悪いとはいいませんが、ある程度のバランスは何事にも必要だと思います。

私が設計する家では、基本的にシステムキッチンは採用していません。理由は二つ。コストが理不尽に高すぎること、全体あるいはキッチン廻りのプランニングの際に既製品（システムキッチン）のサイズが大きな制約になること、の2点です。

コストの話からしましょう。

システムキッチンの値段がどうやって決まるのか、詳しく知っているわけではありません。ただ、「高い」ということを知っているだけです。オーダーメードでつくったほうが確実に安いのです。もしかしたら多くの人は、オーダーメード品＝高い、既製品＝安い、という既成概念からシステムキッチンを無理して選んでいるのかもしれません。というのは、オーダーメードでつくったキッチンの値段というのは、あまり表に出てきませんし、知っている人のほうがはるかに少ないと思うからです。

建築家がキッチンを設計してオーダーメードでつくる場合、家具屋さんに発注して、図面にもとづいて一つひとつ制作してもらいます。ドアをつくる木工技術を応用して、引き出しや開き戸の収納の箱をまずつくり、その上に、人工大理石やステンレスのカウンターを載せ、設備機器を組み込むのが構成の基本

オーダーメードでつくったキッチン。換気扇のフードもオーダーしてつくりました。カウンターの向こう（写真の左側）にダイニングがあって、使いやすさと美しさを両立させる工夫が随所に盛り込んであります

となります。

毎回その製造過程を見ていると、他の工事と同様に無駄なプロセスはあまり見あたらず、当たり前に製造原価がコストの大半を構成します。しかし、それに比べシステムキッチンは箱やその扉、カウンターなど多くの部品を事前に大量に生産し用意して在庫し、しかも各地にショウルームを設置し広告宣伝を行う必要があり、これではいわゆる製造原価に比べ大幅な間接経費を要します。システムキッチンが大量に生産するといってもその部品は多品種少量生産の範疇に属し、一品ごとの製造に比べたとしても量産効果は限られるはず。したがって、われわれの体験ではシステムキッチンは高いものにつき、オーダーキッチンに比べ5割り増しから場合によっては2倍を超える高額な商品として受け止めざるを得ないのです。

このことを知る人は、キッチンを設計し、その製造の仕組みを知る建

築家のみに限られているのではないでしょうか。そしてそのような建築家もまた少ないのです。

お金のことだけでなく問題なのはプランニングの制約になる点です。

当たり前ですが、システムキッチンは既製品の組み合わせですから決まったサイズがあります。最近の製品は、さまざまなサイズに対応可能な仕様になっていますが、それでもまったく自由にはなれません。ゆったりとした広さのキッチンならいざ知らず、キッチン廻りの寸法は5センチや10センチ単位が微妙に使いやすさを左右するものです。それに比べシステムキッチンは下の箱の大きさを単位とするので、どうしてもサイズが大まかです。だから、必要なものを必要なところに限られた空間のなかでレイアウトをするのがとても難しいのが実状です。

さらに、もっと私が危惧するのは、クライアント自身、システムキッチンを採用することを決めた時点で、一生懸命考えて生活環境をみずからつくりあげようとする視点が抜け落ちてしまうことです。

かつて、キッチンは主婦の城などといわれました。今どき、そんなことをいえば時代錯誤と思われそうですが、そこを使う人が誰であろうと、一日3食あるいは2食分を調理しようと思えば、かなり長い時間過ごすことになるのがキッチンです。単に調理をするだけでなく、洗い物や片づけまで含めれば、滞在時間はもっと長くなります。その合間に人が来たり、電話がかかってきたり、子供が帰ってくるなどという諸々の出来事もあるでしょうから、キッチンは家のカナメ的な位置にあると考えることもできるでしょう。それだけ生活に密着しているのがキッチンなのです。

そう考えると、これからの自分たちの生活を思い描き、キッチンでの動き方や過ごし方を想像し、使いやすさや快適さを追求していくことは、とても大切なことになってきます。その一つひとつが、暮らしを計画することにつながっていくからです。

システムキッチンにする、と決めた時点で、興味はどのメーカーのどの製品にしようかということに移ってしまいます。すると、自分たちの暮らしに対応したものを探し続けるのではなく、製品にあわせた暮らしを考えてしまうのではないでしょうか。

カタログやショールームで製品を選ぶのは、車を買ったり、ハウスメーカーの家を購入したりするのと似ています。もちろんハウスメーカーの家を選ぶのが悪いわけではありませんが、せっかく建築家と家づくりをするなら、もっともっと自分たちの暮らしを考えて、自分たちにあったキッチンを探し求める努力をしてもよいと思うのです。やはり、住みやすい家は買うものではなく、そのなかのキッチンですら、いやキッチンだからこそ自ら考えて力を込めてつくるものなのではないでしょうか。

もっともキッチンの設計は、とても難しいもので、誰でも簡単にできるものではありません。特に経験の少ない若い建築家になると、設計ばかりでなく、キッチンを使った経験も浅いので、まったく任せてしまうと見た目ばかりが優先する、使い勝手の悪いものにされる恐れも否定できません。キッチンは、ライフスタイルや使う人のクセそして身体の特徴（背の高さや動く範囲）からも微妙な調整が必要になるのです。

まず自分たちがキッチンに何を求めるのか、どのような使い方を想定するのかをよく考えてみること。そしてオーダーメードするなら、建築家＝専門家と思って丸投げするのではなく、最後まで自分たちも一緒になってつくることが大切になってくると思います。

吹抜けのある家

家のなかで考えられる各部屋について考えてきましたが、少し視点を変えて部屋の大きさを見てみましょう。小さな住宅では、広さに限度がありますので、天井高さはとても大切になります。小さな部屋でも適切な天井高で気持ちよくすることができるからです。

18頁のM邸のリビングは、２階の部屋まで緩やかに昇っていくような屋根に覆われた吹抜けになっています。これは私の個人的な趣味になるでしょうが、基本的に2階分の大きな吹抜けというのはあまり好きではありません。ドーンと大きくて見上げるような吹抜けを、気持ちがいいと思わないのです。

M邸の吹抜けは、見上げても少し目線が上がる程度で、空間が伸びていきます。リビングにいても、ポツンと大空間に置かれたような所在のなさを感じることなく、大らかに庭や2階に広がっていける吹抜けだと考えています。

人の感覚はそれぞれ違うものですが、多くの人が共通して好ましいと感じる寸法があります。なんとなく気持ちがいい、なんとなくほっとする、なんとなく安心できる、そんな寸法です。高さや幅、長さ、さらに人と人との距離など、自分と何か（壁や天井、あるいは人）との近さ・遠さで変わる微気候の違いによるのでしょうか。近すぎると鬱陶しかったり危険を感じてしまったり、遠すぎるともの寂しい感じが生じたり、意識するしないに関わらず人の五感を刺激するのかも知れません。

昔、名建築をいくつも生みだした建築家の吉村順三さんは、「三間角」が気持ちのいい広さだとおっしゃいました。三間角とは、一辺約5.4メートルの正方形です。空間の広がり方としては、確かにとてもいい感じで、まさにM邸の2階はそれに近い広さになりました。またリビングもキッチンやダイニングを含めると、ほぼこの広さになります。

M邸リビングの吹抜け。写真反対側の壁際から2階に向かって緩やかに昇っていく吹抜けです。構造上必要なスチール材をわざと天井面に露出させています。遊び心もありますが、家を支えている部材が見えているのも頼もしいものではないでしょうか

横への広がりのほかに、上への広がり方も大切で、一般的な2.4メートルより1メートルほど高くなると伸びやかでありながら高すぎず、よい感じがします。M邸リビングは、壁際で2メートル25センチと少し低めに天井高を設定し、そこから緩やかな勾配で昇っていき、普段生活する部屋の中央付近で3メートル前後の天井高が得られるようになっています。

この数字が最高に気持ちのよい寸法かどうかは別にして、空間の迫力や新しさではなく、人の感覚を大切にしながら検討するとこんな答えも出てくるということです。

また、吹抜けをつくる場合には、室内気候への配慮も欠かせません。空間ボリュームが大きくなると、特に冬場は温かい空気が上に行ってしまって足下が寒くなりがちです。吹抜けを嫌がる人の多くは「冬寒いから」とよくいいますが、それも無理からぬことなのです。

M邸の場合には、床暖房が入っていますし、ご主人が楽しみにしていた薪ストーブもあります。吹抜けの上部はガラスを張っ

て2階とは縁を切っていますので、温かい空気がどんどん逃げていくこともありません。

吹抜けをつくる場合には、空間の広がり方が気持ちいいかどうか、さらに暖房の仕方、断熱材など家自体の性能、空気の流れなどをよく考えておかないと、写真写りと迫力だけの家にされることもある、ということです。

サービスヤードの大切さ

サービスヤードというのは、辞書的に厳密にいえば、物干しなど外部での家事作業を行うところとなりますが、私はもう少し広い意味で使っています。というのは、外部での作業というのは洗濯や物干しなどの家事作業だけではないからです。

たとえば私は毎朝、家の前の道路をホウキで掃くのですが、このホウキとチリトリをしまっておく場所も家のどこかに必要でしょう。無造作に置いておくのでは見映えも悪いし、傷みも早くなります。庭作業で使うものも同様です。実際の生活のなかではもっと広く雑多なモノが置かれることになると思います。たとえばゴミもそうですし、古新聞なども置かれるかもしれません。

こういった、いわば日常生活のなかから外れるモノを置いておける場所をサービスヤードと呼んでいるのです。

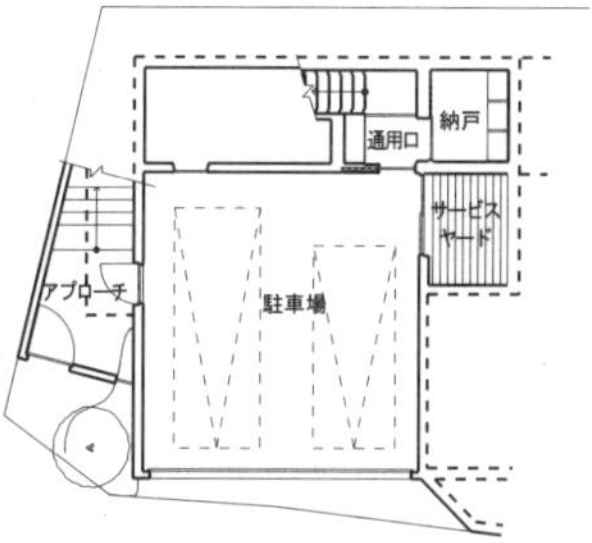

ビルトインガレージの脇に用意したサービスヤード。分別のゴミ置き場であると同時に庭で使うものやホウキやチリトリなど外で使うものを一括してしまっておけます

ゴミについていえば、分別回収が全国で広まって、今や2種類3種類のゴミの分別は当たり前です。多いところでは10種類以上に分ける地域もあるそうです。ゴミの分別が進めば、一つの種類のゴミについて回収に来てくれる頻度も少なくなります。燃えないゴミの回収は1週間に1回などというのは珍しくありません。祝日と重なって1回回収がお休みになったりすると、2週間分のゴミをどこかにストックしておかなければならないのです。

ゴミなどは一時的なストックですから、ちょっと外に置いておけばいいと考えるかもしれません。でもそういう細かい諸々のことを、一つひとつきちんと処理できないと、生活全体がだらしなく見えます。どんなに内部空間が魅力的でも、家の外廻りがだらしなさそうに見えたのでは魅力半減です。

57頁の五十嵐邸では、家の西側をサービスヤードのスペースに割り当てています。コストの関係もあってスペースを用意しただけでしたが、住み始めてからご自分たちで屋根をつけ、ゴミのストックや外廻り関係のものの収納場所、また自転車置き場などとして使われています。

村田流地下室のつくり方

五十嵐邸では半地下状にした寝室と収納をつくりました。

都市住宅では、地下は大変貴重なスペースです。前述のように、容積率緩和を受けられるため、家を広く使えることのほかにも、地下室特有の雰囲気があり、つくり方、使い方によっては大変魅力あるものになるのです。

ただ、個人的には総掘りして、まるまる部屋を地中に埋めてしまうやり方よりは、半地下程度にして、たとえ地下室でも光と風を感じられる部屋がいいと思っています。

もちろんクライアントの好みにもよりますし、洞穴あるいは隠れ家、秘密基地的に真っ暗な部屋の魅力というのはあります（ただし、法律上は窓のない地下室は居室としては使えませんが）。

でも面積をかせぐために地下室が必要な都市部の住宅では、隠れ家だったり秘密基地だったりというよりは、生活上欠かせない部屋として計画されることが多いと思うのです。

そうなると部屋の独立性とともに、上階との関係が重要になります。つまり、上の階からなんの抵抗もなくすっと行けるようなしつらいにしたほうがいいということです。

そのために五十嵐邸でも、半分地下に埋め込まれた寝室部分の開口部は、ドライエリア（からぼり）に面した大きな窓をもっています。窓からは庭の緑が感じられるよう、ドライエリアの上側にビンカ・マジョールというつる性の多年草を植えました。

ビンカ・マジョールは、耐寒性・耐暑性に優れ、春から夏にかけて淡い青色の花をつけます。別名ツルニチニチソウともいい、一度植えると手入れの手間もそれほどかからず、どんどん繁殖して増えてくれます。

また、納戸や階段室に窓をつけて、風が流れるようにも配慮しました。大きな窓から光が入り、風が抜け、窓からは緑の葉と花が見える部屋。こうして半地下ながらベッド脇のスペースは、2階のリビングとは違った雰囲気の、落ち着いた、そしてくつろげる書斎コーナーのようになりました。

地下室だから、と外との関係を諦めることなく、さまざまな工夫と配慮で快

五十嵐邸の地下室の様子。ドライエリアに面して大きな窓があり、ドライエリアの上に植えたビンカ・マジョールの緑を感じることができます。大きな窓から光も入り、風も抜け、さらに緑も楽しめるという「地下」とは思えないくつろげるスペースになっているのです

適なしつらいにすることができるということなのです。

網戸の意味と引き戸の効用

以前、友人がトイレの手洗いについて話しているのを興味深く聞いたことがあります。

洋式便座のロータンクの上についている手洗いの話でしたが、あそこで周りに水も飛ばさずにきれいに手を洗える人はどれだけいるか、というのです。確かに、きちんと手を洗うには水量も手洗い場の深さも広さも足りません。でも、もし手が洗えれば、狭いトイレでもう一つ洗面器をつける必要もなくなって、ちょっと便利かも。

そういう「あったらちょっと便利かも」的な商品が、実はたくさんあって（彼はそれを緊急避難的商品と呼んでいました）、私は引き違いのアルミサッシに付属した網戸もその一つではないかと思います。

日本の家は、夏を旨とする非常に風通しがよいものでしたから、家に虫や蚊が入ってこないようにする網戸という発想はかなり新しいものだと思われます。40代くらいの人であれば、寝るときに蚊帳《かや》にもぐりこんだ記憶をお持ちではないでしょうか。

高度成長期、増改築用の製品として登場したアルミサッシは、密閉性、経済性などのメリットを生かして瞬く間に普及しました。そして、枠の外側をちょっと大きくするだけで、網戸をつけることが可能になったのです。アルミサッシは、型に流し込んでつくりますから、型さえ少し改良すれば簡単に「網戸もついた窓」が大量につくれることになったのです。

網戸の詳しい歴史を知っているわけではないので、うかつなことはいえませんが、少なくともこうした窓の付加価値的な性格が網戸には強く感じられます。そのためかどうか、網戸についてきちんと論じられている資料にはあまりお目にかかりません。そして、深く考えられることもないまま、いつの間にか当たり前のように家の窓には網戸がつけっぱなしになっているのです。

窓というのは、光を採り入れるためだけにあるのではありません。光を採り入れることももちろん大切ですが、視覚的に内と外をしっかりとつなぐ役目もあるのです。

そのために視線を通したい窓では、限りなく透明に近いことも大切です。ところがアルミサッシの網戸は、外して洗ったり、収納したりということが、想定されていないように思えるのです。

かくして世の中の窓の半分は汚い網戸に塞がれて、多くの人が今日も汚い網戸越しの薄汚れた外の風景を眺めることになるわけです。

I邸では、すべての開く窓に木枠でできた網戸が入っています。そして、冬

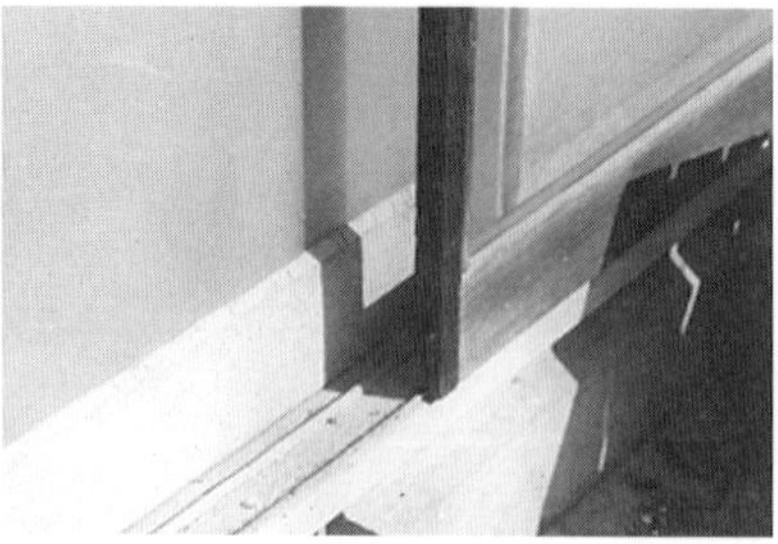

約40年前に立てられた公団住宅の窓。木枠のガラス窓で、網戸はもともとはついていませんでした。写真の網戸は後から住人が取り付けたもの。この例からも、網戸がいかに歴史のないものかが分かると思います

場など網戸が必要ないときに、中庭側の大きな網戸は取り外してしまっておけるように収納場所を2階に用意しました。かなりの大きさになるため、外して収納場所まで運ぶ動線も考慮し、階段脇の吹抜けや手すりの高さも計算してあります。また、小さな窓の網戸は、すべて壁の中に引き込めるようになってい て、必要ないときにはまったく見えなくなるように工夫されています。つまり、必要でないときに、きちんと消すことができるようになっている、ということです。

網戸だけではなく、私の設計する家では扉をそのような引き込み戸にすることが多いのですが、これも必要でないときに消すことができるからです。開け放したいときに、開口部全面を開放できるのが引き戸なのです。気持ちよく、暮らしやすい生活とはどんな状態かをよく考えていけば、こんな細かい点もとても大切になるのです。

余談になりますが、若い建築家の設計した家には網戸が入っていないものも見受けられます。しかし実際の生活を考えたとき、網戸のない窓から蚊を始めとして次々に入ってくる虫とともに快適な生活が送れる人がどれだけいるのでしょう。むろん、そういう人もいるでしょうが、現代の都市生活に慣れている人の多くは、それに耐えられないと思うのです。

地球温暖化の影響で、日本もどんどん気温が高くなっています。今まで熱帯

完全に引き込めるようにした網戸。網戸があるときとないときでは、窓の向こうの緑の感じ方がまったく違ってきます

地方のものと思われていた伝染病もそのうち入ってくるかもしれません。伝染病の多くは蚊を媒介にしています。

家族の命を守るためにも、網戸について一度真剣に考えてみる必要があるのではないでしょうか。

メンテナンスと住宅のディテール

システムキッチンのところで、私の設計する家ではオーダーメードでつくるといいました（137頁）。いつだったか、キッチンの収納部分の製作を頼んでいる会社の人と話をしていたときのことです。

彼は、最近はピカピカのウレタン塗装鏡面仕上げにすることが多い、ここでもそうしませんか、と提案してきました。私の設計では表面は汚れに強いメラミン化粧板、そして扉の脇の厚さの部分、いわゆる小口は普通のオイルペイントという塗装仕上げです。

確かにウレタン塗装の家具は見ていてきれいですし、汚れも落ちやすいというメリットがあります。ペンキ仕上げは、少々貧乏くさいイメージがあるかもしれません。しかし収納、特にキッチンの家具というのは非常に利用頻度の高いところです。扉を何度も開け閉めすれば、扉はやがて少しずつズレてきます。最近の扉はスライド蝶番という調整可能な蝶番で留められていますから、ずれてきたなら自分で調整すればよいことなのですが、皆が皆、すぐに手入れをしてきちんとした状態に戻すとは限りません。やがて扉同士がぶつかるようにさえなってきます。すると、ぶつかってコーナーが欠けるなどということが起こってきます。

扉同士がぶつからなくても、鍋などを頻繁に出し入れする際、ぶつけてしまうこともあるかもしれません。

そうしたとき、工場でしかできないウレタン塗装を施された扉はどうやって直せばいいのでしょう。扉を外して、工場までもっていくのでしょうか。そこまで手間をかけて、収納の扉の汚れや傷みを直そうと思うものでしょうか。もし思わなければ、結局その扉はずっと欠けたままです。家ができたときはきれいだったのに、だんだんみすぼらしくなっていく、そんな端的な例とはいえないでしょうか。

私がそんなぶつかる部分に普通の塗装を推奨するのは、その気になりさえすれば住まい手でも簡単にもう一度塗ることができるからです。新品のようにピカピカにはならなくても、少なくともみすぼらしい状態で使い続けなくてすみます。

できるだけ簡単に回復できる仕様にする。そうすれば長い時間使い続けたとしても、それほどみすぼらしくならずにずっと使える。それが私の考え方です。

壁の塗装もまったく同じ発想で、汚くなれば塗り替えればいいのです。

私は壁や天井に白いペンキを塗ることが多いのですが、それは真っ白い空間にすることが目的ではなく、何度でも塗り直せばもとに復することができ、かつ室内を飾るさまざまなものの邪魔にならないようにと考えているからです。

室内には家族の大切なものがあふれています。飾っておきたい写真や置物もあるでしょう。住まい手が見たいのは、そういうものであって白い壁ではないはずです。

家は、できたら終わりではありません。建て主家族は、そこに何十年も住み続けていくのです。そして長く住み続けるとき、家の手入れは欠かせません。メンテナンスしなくてもいいように、割れ物でも扱うように暮らすのは窮屈ですし、どんなに丁寧に住んでいても一定時間が過ぎればメンテナンスは必要になります。

できたときのきれいさを保とうとするのではなく、思い切り生活を楽しんで、できるだけ簡単なメンテナンスでもとに戻るようにする。それが長く、快適に家で過ごせる秘訣なのではないでしょうか。住宅設計のディテールとは、細かくて精緻な納まりを追求することではなく、余計な負担を与えることなく、長く住まい手が生活を楽しめるように配慮することだと思うのです。

あとがきにかえて

家をつくるなら、それがたとえわずかな空間でも、とにかく落ち着ける小さな庭をつくりましょう。そして庭に向かって開放した窓をつくり、そこに大好きな木を植えて大切に育てれば、きっとあなたの住まいは素敵なものになります。そして小さな庭でも、そんな住まいが集まればその街はとても楽しく住みやすいはず。人の心が家のなかだけでなく家の外にも向かいはじめ、庭というものが自分の家だけでなく他人の家も含めて大切に育むものだと思えば、街に住む人たちの心がきっと和気《わき》藹々《あいあい》としてつながるからです。

暮らしが豊かになるとともに家はなぜか大きくなり、他方で豊かな暮らしを求めて人は街に集まりました。そしてますます家は建て込んで、すぐ目の前には隣家が立ちはだかり、こんなはずではなかったのに、といつもカーテンを閉めきって人は家のなかに閉じこもる、そんな暮らしが当たり前のようになりました。

都市化が進み人家が密集しているのに、それに合わせた街の住まいのあり方、つくり方が確立されていないことがその原因です。

しかし、そのためにはどうしたらよいのかと考える機会など、普通の人にはありません。そしてある日突然、家づくりが始まるのです。

人生にとって大事なことを決めるのに、意外にも充分な知識や経験を元にした決断が人はなかなかできないようです。職業選択も、結婚もそして家づくりも。

ですからどんな住まいが望ましいかと基本的なことを問いかける相手すらなく、あれよあれよと家づくりが進行し、孤独なままに従来と同じつくり方を踏襲して、まあ周囲と同じならいいかと、きわめて保守的な結果を迎えるのです。

昔とは状況が変わって敷地が密集しているのに、昔ながらの周りに庭が広くあることを前提にした住まいをつくり続けてしまう。その結果が現在の住まいの姿、街の姿です。

しかし、街のなかであっても緑と親しみ、内と外とのつながりのある開放的な暮らしを望むのなら、旧来の形式ではなく、はっきりと自覚して都市住宅として新しい住まいを求めるしか方法はありません。ですから、本書では街のなかでの望ましい住まいのあり方、都市住宅の事例を紹介してきました。是非、この点からもこの本を理解していただきたいと思います。

さて今述べたことは、現代の住まいづくりが都市化に伴う環境の変化に対応してないことの問題です。しかし、本書を書き進める上でもう一つ大切な点があることに気付き、それを付け加えることにしました。

それは住まいのしつらえと暮らしを計画する考え方です。どちらもきちんとした心地よい暮らしにとっては必須のことなのですが、どうもこれが混乱している場合を多く見受けるからなのです。

というのも、戦後の復興期、高度成長期そしてバブルの破綻といった時代の流れを受けながら、私たちの暮らしは大きく三つの要因によって変化してきました。

最初は都市化、次は戦後広くわれわれの暮らしに広がった洋風化、住まいでいえばいわば畳から椅子への変化です。そして最後は家族構成の変化、すなわち戦前の家父長制を支えた大家族から夫婦が基本の核家族への変化、そして現代の少子化にも変化は及びます。都市化については、敷地の狭小化で住まいのあり方が変わり、改めて都市住宅の必要を今述べました。

しかし、残りの要因はわれわれの暮らしを深く変え、さまざまな変容を社会全体に与えました。たとえば、住まいの洋風化による椅子を使った生活への変化は、今までの畳の暮らしでの無限定な部屋の使い方から、家具を使い個室や居間といった部屋を限定した使い方を要請し、暮らしに合わせて部屋のつながりや配列を厳密に規定した間取りの必要が生じます。しかしそのようなことは、多くの人たちの経験が蓄積されて、初めて社会全体として暮らしの知恵が伝承され本物になるものです。そのようなよい間取りは意識的に計画して初めて実現化するものですから、実際そんな例に住むといった機会はほとんどありません。したがって暮らしを支える考え方も、どうしても混乱したままに過ぎてきました。

そこでこのような、特に現代の住まいづくりでは混乱し見失いがちな基本となる暮らしを計画する考えについて焦点を当てて後段に述べました。それが動線やゾーニングそして熱環境などです。ですから、この考えをはっきりと自覚して自らの暮らしを計画することをお奨めします。

工夫を凝らし新しく住まいをつくることはとても楽しいものです。そして、深く考え内容が豊かになればなるほど、楽しみの深さと同時にその重さも重くなります。ものをつくるときにはどんな場合でも共通するのでしょうが、目標を高く掲げそれに向かって努力を続けることが、何よりも肝心です。だから、よい住まいをつくるという目標も心のなかの理想によって左右されるのです。理想を高く掲げて住まいをおつくり下さい。

都市のなかで、緑と親しむ家をつくることはとても楽しいことです。なかでも中庭のある家はそこに住む家族にとってとても楽しく有意義です。それは、遠い過去をひもといても、未来に向かっても都市の住まいとして基本となるものです。私は、そのような家が街のなかに増えることを願ってやみません。

最後に、文中の大多数の美しい写真は私の永年の友人でもある写真家の田中宏明さんの撮影です。無理なお願いなのに、快く掲載を許可されたことを心から感謝します。またこの本の出版にあたっては、武蔵野編集室の市川幹朗さんの企画と多大なご尽力を戴きました。改めて深くお礼を申し上げます。ありがとうございました。

村田靖夫

著者紹介

村田靖夫（むらた・やすお）

1945年東京都に生まれる。1968年東京工業大学理工学部建築学科卒業。東孝光建築研究所を経て1972年村田靖夫建築研究室設立。変わったことをすることが建築家と、世間で思われているなかで変わったことをしない建築家として知られている。植栽が好きで、中庭のあるコートハウスなど都市型住宅の設計が得意。住まいは家具や建具のしつらえが大切と考え、そのきめ細かい設計はシンプルなデザインで、住まいの背景に徹している。

緑を楽しむ家

〜心地いい都市住宅の作法〜

2006年2月15日初版発行

著　者	村田靖夫
企画・編集	武蔵野編集室
カバーデザイン	松村大輔
発行者	馬場瑛八郎
発行所	株式会社　建築資料研究社
	東京都豊島区池袋2-72-1　〒171-0014
	http://www.ksknet.co.jp/book
	TEL03-3986-3239　FAX03-3987-3256
印刷・製本	図書印刷株式会社

ISBN4-87460-892-2

〈よりよい家づくりのためのブックガイド〉

これ一冊ですべてがわかる！　家づくりの基礎知識　2006年版

中村義平二・監修　B5・252頁　定価2,100円（税込）

家づくりに関する必要かつ充分な知識を一冊に凝縮。まず、これを読んでから！

〈特集〉安心・安全を確保する／〈1〉準備・資金・法律編／〈2〉地盤・構造編／〈3〉設計編／〈4〉健康・安全編／〈5〉材料・設備編／〈6〉資料編

家づくり名人。　ベストセレクション｜住宅建築家81

〈住宅建築2005年11月増刊〉『住宅建築』編集部・監修
A4ワイド・212頁　定価2,500円（税込）

家を頼むならこのひと。あなたにぴったりのパートナーがきっと見つかるはず。創刊以来30年の蓄積を誇る『住宅建築』誌が、自信を持って贈る、最強の建築家名鑑。

家づくりの極意　居心地のいい住まいの設計術

〈コンフォルト・ライブラリィ・8〉　立松久昌・編著　A5判・176頁　定価2,520円（税込）

予算を切り詰めて知恵を絞ったローコスト住宅、数寄屋の伝統を生かした和風住宅、地域の風土に根ざした住まい、古い民家を再生させた現代住宅、ソーラーシステムを採用したエコロジー住宅、など、十人十色の個性豊かな、心地よい住まいを紹介。

フリースタイルリフォーム　freestyle reform

〈コンフォルト2004年10月別冊〉　A4ワイド・136頁　定価2,000円（税込）

建主が建築家をパートナーに、中古マンションや戸建住宅を利用して、間取りや内装、設備の改修工事を行い、自由な発想で目的にあったこだわりの家を手に入れる。それが「freestyle reform」。

Design it yourself!　家が語る22の生き方、22のストーリー

〈コンフォルト2004年4月別冊〉　山田真里・著　A4ワイド・176頁　定価2,200円（税込）

自分の暮らしをデザインすることから始める家づくり。怒涛のDesign it yourself！スピリットで、自分たちの家をつくりあげた22組の物語を紹介。笑いあり、涙あり、どれひとつとして同じものはない住まいづくりのドラマがここにあります。